너는 나의 그림책

아이들과 함께한
그림책 시간

너는 나의 그림책

아이들과 함께한
그림책 시간

황유진 지음

메멘토

들어가며

2009년 여름, 어른이 되어 처음 그림책을 만났다.
2012년 여름, 엄마가 되어 처음 그림책을 만났다.

올해로 꼭 10년째, 열 살과 일곱 살이 된 딸들에게 그림책을 읽어주고 있다. 이제 둘 다 한글을 능숙하게 읽지만 나는 매일 그림책 한두 권은 잊지 않고 읽어준다. 양쪽에 한 명씩 끼고 앉아 그림책 볼 시간이 이제 얼마나 남았을지 모르겠다. 문고판 동화를 더 좋아하는 첫째를 보면, 정말 얼마 안 남았겠구나 싶어 11월 늦바람처럼 마음이 쌀쌀해진다.

갓난아이를 키우며 조금씩 나의 말을 잃어간 초보 엄마에서 조금은 의연해진 열 살 엄마가 되기까지, 울기만 할 줄 알던 아이들이 어엿한 독자가 될 때까지, 그림책은 늘 우리 곁에 있어 주었다. 그림책은 엄마인 나에게 육아서보다 더 직관적인 육아서이자 아이의 성정과 성장을 가늠하게 해주는 지표였다. 『너는 나의 그림책』은 그림책이 우리 가족에게 주었던 감동과 위안의 순간들을 수집한 스크랩북이다. 또한 그림책을 함께 읽는 행위를 통해 우리 각자가 어떻게 변화해왔는지를 관찰한 가족 역사책이기도 하다.

개인적인 기록을 한 권의 책으로 엮은 이유를 생각해보면, 그림책을 읽고 읽어주는 이유로 생각이 뻗어간다. 레이먼드 브릭스의 『물덩이 아저씨』에서 물 마른 웅덩이를 본 할아버지는 "물이 다 증발해버렸구나"라고 사실적으로 말한다. 반면 아이는 "아니야, 잠깐 어디 간 거야"라고 문학적으로 말한다. 당연히 할아버지의 눈에는 마른 웅덩이에 물을 채워 넣고 간다는 물덩이 아저씨가 보이지 않는다. 물덩이 아저씨를 볼 수 있는 건 아이뿐이다. 그래도 할아버지는 아이가 들려주는 세계를 비웃거나 무시하지 않는다. 눈에 보이지 않는 건 못 보는 사람과 안 보이는 것도 볼 줄 아는 사람, 그게 꼭 나와 우리 아이들의 관계처럼 느껴졌다.

목말을 탄 아이가 할아버지의 얼굴을 가리자, 할아버지는 앞이 안 보인다고 면박을 준다. 그러자 아이는 "I can see FOR you"라고 말한다. 내가 할아버지를 위해 볼 수 있어, 대신 볼 수 있어……. 내 눈으로 직접 볼 수는 없지만, 아이들의 눈과 입을 빌려 만난 세계가 얼마나 많았던가. 아이의 상상 세계를 훼손하지 않는 할아버지처럼 나도 아이들이 나를 위해 보아준 요정과 산타와 하늘나라의 세계를 믿고 아껴줄 수 있는 부모로 곁에 남아주고 싶었다. 내가 조금이라도 그런 눈과 입을 가질 수 있었다면 그건 다 그림책 덕이다.

아이들이 나를 위해 보아준 세계가 있는 만큼 나도 아이들을 위해 보아준 세계가 있다. 감시하는 시선 대신 관찰하는 시선으로 아이들 자체를 열심히 보려 애썼다. 그림책을 함께 읽는 시간에는 아이들을 차분하고 투명하게 바라보려 했다. 아이가 무엇을 좋아하고 싫어하는지, 지난달과는 무엇이 달라졌는지, 어떤 감정을 어떤 식으로 표현하는지가 그림책 읽는 시간에 자연스레 흘러나왔다. 많은 부모가 그림책을 통해 보편적인 어린이의 마음을 배워가는 동시에, 세상에 단 하나뿐인 내 아이의 마음에도 가까워지길 바라본다.

아이들의 말과 글과 행동이 나에게 흘러 들어와 쓴 글을 책으로 엮어 이제 세상에 선보이려 한다. 출간 직전 마지막으로 서문을 쓰는 지금, 다시 아이들에게 돌아와 물었다. 그림책 읽는 게 좋으냐고, 왜 엄마한테 읽어 달라고 하느냐고.

"내가 읽는 것보다 훨씬 재밌어. 그리고 엄마랑 같이 읽으니까 따뜻해." (둘째)

"내가 소리 내서 읽으면 목이 아파서 속으로 읽는데, 엄마가 읽어줄 때 훨씬 실감 나. 시시한 이야기도 엄마가 읽어주면 재밌는 이야기로 바뀌어." (첫째)

두 아이의 대답은 더할 나위 없이 나를 벅차게 했다. 부모와 그림책 읽는 시간은 아이들에게 **재미있고 따뜻한 시간**. 그런 시간을 10년 동안 별 가루처럼 뿌려주는 게 나의 몫이었으니, 어떤 별로 빛나게 될지는 차차 아이들의 몫이 될 테다. 너희는 아마 내 인생의 가장 즐겁고 아름다운 그림책으로 남을 거야. 오래도록 가장 재미있는 그림책 친구가 되어준 연꽃 자매와 책 읽는 우리 세 사람의 풍경을 늘 아껴준 남편에게 고마움을 전한다.

차례

들어가며　　4

1부　　우리는 서로의 처음 만나는 책

안 보이는 너를 보는 방법	14
엄마가 살려고 읽어줬어	21
그때 우리가 기다리던 건	31
아이들에게 다정한 도서관	39
우리 둘만의 '초록 하트 클로버'	48
내 안의 아이와 내 아이가 만날 때	55
부모라는 아늑한 나무	63
엄마의 수고를 알아주는 사람은	70

2부 함께 있는 것만으로도,
     함께 읽는 것만으로도

보고 또 보고, 읽고 또 읽고	80
감정을 흔드는 건, 진짜야	87
둘은 달라도 너무 달라!	95
내게도 애착 이불이 있었지	102
밖에서 읽는 것도 특별해	110
웃음은 언제나 우리를 빛나게 하지	120
흘려보낸 사랑이 되돌아 흘러올 때	127
아이가 아이의 마음을 간직하려면	136

3부 키가 클 때마다
    마음도 자라나

슬픔과 절망이 너를 사로잡기 전에　　　148
신기 이전에 신비　　　155
사랑이라는 퍼즐 몇 조각　　　165
풀, 꽃, 나무 곁에서 서성이다 보면　　　173
하늘나라가 있다면 이런 곳일까　　　181
이렇게 다른 당신과 내가 만나　　　190
가족의 기억으로 지어 올린 나무집　　　201
다, 다 이유가 있어　　　210

4부 혼자 걷기 시작한 너에게

바로 그 자리에서 새롭게 시작하면 돼	220
너의 책장이 나의 책장을 넘어서는 순간	228
설렁설렁 오래오래	236
짧다고 쉬운 건 아닌데	243
읽고 묻고 답하고 자란다	252
아이가 미운 밤에는	260
좋은 어른이 되고 싶어	268
이야기에 깃든 사랑	276

이 책에 소개된 책　　　　　　　　286

부록
아이와 꾸준히 책을 읽기 위해 필요한 것　294
어떤 그림책을 읽으면 좋을까　　　　　　301

1부

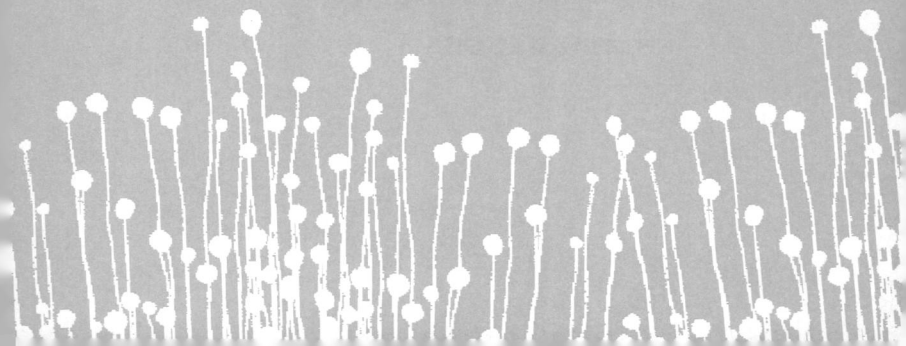

우리는
서로의
처음
만나는 책

안 보이는
너를
보는 방법

아이와 처음 대화를 나누는 순간은 언제일까? 아이가 세상에 태어나자마자? 말귀를 알아듣기 시작할 때? 음므, 하고 뜻 모를 첫 단어를 토해내기 시작할 때? 어설프게나마 문장을 구사할 수 있게 될 때? 아마도 내게는, 아이가 생겼음을 알고 처음 태담을 건네던 순간인 것 같다.

결혼 1년쯤 되던 가을날, 신기하리만치 생생한 꿈을 꾸었다. 비행기를 타고 가다 승객들이 다 같이 점심을 먹는다며 푸른 풀밭에 내렸다. 모두가 둘러앉아 점심을 먹는데 뭔가가 내 손을 앙 하고 깨물었다. 내려다보니 아주 작고 하얀 토끼였다. 저리 가라고 손을 흔들어도 토끼는 다문 입을 열지 않았다.

위아래로 더 세게 손을 흔들다 깨어난 순간, 분명 태몽일 거라는 확신이 들었다. 우습게도 누구의 태몽일까 곰곰이 생각했다. 분명 나의 태몽은 아니고, 최근 임신한 친구의 태몽을 대신 꾸었다고 확신했다. 그러나 3주 후 임신 테스트기에는 선명하게 두 줄이 그어졌고, 나는 얼떨떨한 기분으로 배 속 아기에게 첫마디를 건넸다.

"세상에, 그 하얀 토끼가 너였어?"

어릴 때부터 나는 말이 없는 것, 보이지 않는 것들에게 자주 말을 걸었다. 내겐 그다지 어려운 일이 아니었다. 일기장이나 볼펜처럼 좋아하는 사물에도 이름을 붙여 말을 건넸다. 이런 경험을 했던 이가 나뿐만은 아닐 것이다. 『알도』, 『잘 가, 나의 비밀친구』, 『내 친구 월터』처럼 상상 친구를 다룬 그림책들이 끊임없이 출간되며 사랑받고 있으니 말이다. 몸이 작고 약한 어린이들은 닥쳐오는 어려운 현실에 정면으로 부딪치는 게 두려울 때가 많다. 무대에 오르기 직전, 아빠 엄마가 싸우는 소리가 들릴 때, 사소한 일로 친구와 다투고 마음이 내려앉은 날. 그럴 때 아이들은 내면에 있는 다른 인격을 상상 친구라는 존재로 구체화하여 현실을 견디는 힘을 얻는다.

나의 경우 항상 기대어 모든 것을 공유하는 단 한 명의 상상 친구가 존재했던 것은 아니다. 마치 내 안에 잠들어 있는 여러 인격을 불러내기라도 하듯, 안 보이는 친구들을 불러내 이야기하며 놀았다. 극적인 상황을 설정해 혼자 연극 놀이도 수없이 했다. 성에 갇힌 공주가 되었다가 공주에게 마법을 거는 마녀가 되었다가, 공주를 구하러 온 기사가 되기도 했다. 오늘은 바다에 뜬 어느 섬을 향해 노를 젓다가 내일은 깊은 숲속 과자 집에 앉아 있었다. 안 보이는 것에 이름을 붙이고 말을 걸면서, 나는 꼬마 황유진이 아닌 무엇이든 될 수 있었다.

다 비밀스러운 나만의 놀이였다. 부모에게도 친구에게도 이야기한 적 없는 오직 나만의 세계에서 펼쳐지는 놀이. 누군가에게 털어놓을 만한 일이 아니라는 사실을 어렴풋이 느꼈던 모양이다. 이건 뭔가 수상한 일이야. 말이 없고 안 보이는 것에 아무렇지도 않게 말을 걸다니, 어딘가 불온하고 병적이야. 이해받지 못할 거야. 들키면 이상한 사람 취급당할지도 몰라. 영화 〈겨울 왕국〉에서 얼음 바람을 들키지 않으려 장갑을 끼고 방문을 걸어 잠근 엘사처럼.

어른이 된 후에도 이런 버릇은 완전히 없어지지 않았다.

학회 술자리가 끝나고 지하철역으로 걸어가는 길, 혹은 회사 일을 마치고 혼자 집으로 돌아가는 길, 나는 여전히 형체 없는 누군가에게 하루 일을 털어놓곤 했다. 오늘은 이런 일이 있었어. 아까 이렇게 말했으면 더 속시원했을까? 그러니 첫째 아이가 배 속에서 하루하루 자라는 동안 내 오랜 버릇이 튀어나온 건, 그리 별난 일이 아니었다.

"금아, 엄마 커피 좀 마실게. 한 잔은 마셔도 되지?"

"오늘 회의가 길었지? 아유, 엄마도 힘들었어."

별다른 의식 없이 배 속 아이에게 속삭이듯 말을 걸었다. 태담을 많이 들려주면 아이 정서 발달에 좋다는데, 내게 태담은 아기를 위해 시작한 일이 아니었다. 그저 상상 친구와 대화하듯 나를 위로하는 방식의 일환이었다.

화장실이나 휴게실에서 나도 모르게 중얼거리다 옆 사람에게 들킨 적이 제법 있었다. 아무래도 남들 눈에는 별스러워 보였던 모양이다. "안 어색해? 나는 안 보이는 애한테 말하는 거 너무너무 이상해서 한 번도 못했는데"라며 신기해하는 이들이 많았다. 상상의 존재에게도 말을 거는데 실제 존재하는 아이에게 말 걸기가 뭐 그리 어렵겠어. 누군가는 태담 자체를 어려워할 수 있다는 것도 새삼 알았다. 그래도 쳇, 티 내지 않고 그냥 씩 웃고 말았다.

초음파를 통해 조그마한 점이었던 아기가 젤리곰을 지나 사람의 형상을 갖춰가는 모습을 지켜보았다. 17주가 지나자 아이는 태동을 통해 자기 존재감을 드러냈다. 병원에 가서 굳이 눈으로 확인할 필요도 없었다. 꿀렁꿀렁, 꾸울렁. 내가 거는 말에 응답하지는 못해도, 아이의 무게와 역동이 고스란히 전해졌다.

그때 아이와 나 사이에는 분명한 끈이 있었다. 나는 언어라는 다리를 하나 더 놓았을 뿐이다. 내가 하는 말을 알아듣지는 못하더라도, 말에 담긴 온도와 질감은 분명 아이에게 가닿을 거라 믿었다. 그 말들이 깃털과 나뭇가지와 잎새가 되어 아이에게 포근한 첫 둥지가 되어줄 것이라고도.

이름을 불러주는 건 말이야

임신 소식을 알리고 얼마 후, 고등학교 시절부터 가장 친하게 지내온 친구가 『엄마가 된다는 건 뭘까?』라는 그림책을 선물해주었다. 태몽에서 토끼를 보았다 하니, 이 책이 아이보다 엄마가 될 나에게 더 어울리는 책일 거라는 생각이 들었단다. 아기 토끼 미미와 토토는 들판에서 즐거운 시간을 보낸다. 미미가 오늘 하루 아기 인형 모모의 엄마가 될 거라고 하자, 토토는 "엄마가 된다는 게 뭐야?"라고 묻는다.

미미는 토토와 대화를 나누고 역할 놀이를 하면서 엄마의 역할과 의미를 되짚어본다. 그러면서 엄마가 된다는 건 아이의 이름을 부르는 것, 아이와 손을 잡고 나란히 걷는 것, 그리고 아픈 아이를 걱정하다가 꼭 껴안고 눈물을 흘리는 것임을 깨닫는다. 놀이를 마치고 집으로 돌아가 엄마 품에 폭 안긴 아기 토끼들은 엄마의 의미를 어느 때보다 분명히 알게 되었을 것이다.

　엄마가 되는 것의 맨 처음이 아이의 이름을 부르는 것이라니. 이 책을 처음 선물받아 읽을 때는 그 의미를 잘 알지 못했다. 이름은 누구나 대가 없이 불러주는 것 아닌가? 부모만 아이의 이름을 독점하는 것도 아닌데 말이야.

　아이 둘을 낳고 기르며 이만큼 세월을 지나온 후에야 이름을 부르는 것이 어떤 의미인지 조금씩 실감하게 된다. 태명 하나를 짓는 데도 얼마나 많은 공을 들이게 되는지, 아이를 갖기 전에는 상상도 못 했다. 남편과 첫째 태명을 짓기 위해 수많은 이름을 후보에 올렸다 지웠다. 결국 '금이야 옥이야'라는 옛말에서 따와 '금金'이라는 태명을 지어주었다. 둘째는 '옥돌 민珉' 자를 써서 '민'이라고 불렀다. 금아, 민아.

　지금은 부르지 않지만, 가끔 이 이름을 떠올려보는 것만으로도 가슴 한켠이 간질거린다. 아이와 한 몸으로 지내던 시절, 마침내 처음 얼굴을 마주하던 순간의 기억에 단번에 젖어들게 하는 이름들. 태어난 후 실제 이름을 지을 때는 발음, 희귀성, 사주팔자, 돌림자, 영어 이름 등 고려하는 요소가 많다. 하지만 태명에는 부모가 된 우리 부부의 순수한 기쁨만을 담았다. 아이들이 우리에게 무엇보다 귀하고 빛나는 존재임을, 엄마 아빠가 온 마음으로 기다리고 있음을 맨 처음부터 말해주고 싶었다.

　아이가 세상에 나올 때까지 설레는 마음으로 태명을 짓고 실제로 불러주는 사람은 부모뿐이다. 특히 아이와 한시도 떨어져 있을 수 없는 엄마는, 아이가 세상에 나오기도 전에 이름에 생명을 불어넣어준다. 눈에 안 보이던 아이는 이름을 갖게 되면서 존재가 점차 또렷해진다. 그리고 마침내 이름을 반복하여 불리면서 아이와 부모만의 이야기책에 첫 글자가 쓰이기 시작한다. 이름을 불러준다는 건, 너와 이야기를 시작하고 싶다는 마음에서 돋아난 어린 싹이니까.

어쩌면 내가 10년 가까이 아이들과 그림책이라는 이야기 세계를 공유하게 된 것은 어릴 적부터 비롯된, 이야기하고 싶은 욕구 때문인지도 모르겠다. 안 보이는 세계에 말을 건네고 싶다, 조금이라도 더 가까이 손 뻗어보고 싶다……. 30년 전 출발한 이야기의 기차가 쉬지 않고 달려 배 속 아이들에게까지 닿은 셈이다.

지금 내 눈앞에 있는, 연꽃을 닮은 아이 두 명과 함께 기차는 칙칙폭폭 달려간다. 어디로 가는지 알 수는 없어도 뒤돌아보니 이만큼 함께 달려왔구나 싶어 가슴이 벅차다. 내일도 모레도 이야기의 기차가 무사히 달려갈 수 있기를 바라며, 한참을 달려 나간 힘으로 언제든 다시 집에 돌아올 수 있기를 바라며 오늘도 아이들에게 "읽고 싶은 책 가져와"라고 큰 소리로 외쳐본다. 타닥타닥, 빨라지는 아이들의 발소리를 동력 삼아 오늘도 달린다.

안녕하세요, 연꽃 자매네 이야기 기차입니다.

엄마가 살려고 읽어줬어

전작 『어른의 그림책』에도 썼지만, 나는 어른이 되어서야 그림책을 새롭게 만났다. 결혼 전 〈세계 일러스트 원화전〉에서 반한 『나는 기다립니다』를 구입하면서부터 그림책 세계 속으로 들어갔다. 한 사람의 길고 지난한 인생의 희로애락이, 짧고 단순한 글과 그림에 다 담길 수 있다니. 시를 읽던 마음을 잃고 4년차, 제법 직장인 태가 나던 내게 그림책은 새롭게 만난 시집이었다.

만남이 바로 열렬한 사랑으로 이어지지는 않았다. 서점에서 표지가 예쁜 그림책을 들추어보고 그림과 내용까지 마음에 들면 사오는 잔잔한 애정이 오래 지속되었다. 그렇게 한 권 두 권 모은 책이 수십 권이 되었을 즈음 아이가 생겼다. 아이가 배 속에서 자라나는 동안 그림책 서가도 칸칸이 채워졌다. 그간 모아둔 그림책을 뽑아 책 탑을 쌓고 사진을 찍어두며 생각했다. 이 책들을 같이 읽을 그림책 친구가 곧 생기겠구나. 하지만 그런 마음이 산산조각 나는 데는 오래 걸리지 않았다.

몇 년 사이 육아에 대한 인식이 많이 바뀌었음을 느낀다. 힘들다고 말하면 안 된다 여겨지던 엄마들의 목소리가 세상 밖으로 많이 나왔다. 육아의 고충을 직접 털어놓는 책도, 아기 잘되라고 너무 애쓰는 대신 스스로를 잘 돌보라고 도닥이는 육아서도 늘어났다. 어떻게든 틈을 내어 자기 돌봄과 성장에 힘쓰는 엄마들도 많이 만났다.

그러나 여전히 조금만 잘못하면 맘충이니 모성애가 부족하다느니 엄마라면 이 정도는 해야 한다느니 하는 차디찬 목소리들이 엄마들의 마음을 할퀸다. 엄하게 대하면 '애를 잡는다'고, 너그럽게 굴면 '애를 방치한다'고 혀를 차는 목소리도 여러 번 들었다. 따뜻하게 입히면 '애 땀띠 난다', 맨발로 유모차에 앉히면 '애 감기 걸리겠다'는 타박이 돌아왔다. 육아는 결국 긴긴 장거리 달리기인데, 매번 누군가에게 지적당하고 평가받는 기분은 썩 유쾌하지 못했다.

귀하고 예쁜 아이를 두고 '키우기 힘들다'고 말하는 것 자체가 죄스럽게 느껴질 때도 있다. 그렇지만 어쩌라고. 예쁜 건 예쁜 거고 힘든 건 힘든 거다. 기쁨과 괴로움의 양극단을 오가며 간신히 정신줄을 붙잡는 것이, 첫 아이와 마주한 엄마의 진실이다. 모유 수유를 하면서 24시간 내내 아이와 붙어 있어야 하는 삶은 한순간에 나를 여러 조각으로 찢어놓았다. 오직 아이에게 젖을 주는, 아이를 재우는, 아이 기저귀를 가는, 아이를 안고 달래는 사람으로만 존재하는 나.

아주 잠깐이라도, 조각조각 흩어지지 않은 채, 내 욕구에 충실한 나로 존재하고 싶어.

'나의 욕구에 충실한 나'로 존재하기 위해 가장 필요한 것은 '말'이었다. 그러나 갓난아기를 키우는 엄마에게 허용된 말은 거의 없다. 아기를 어르고 달래는 말, 힘 빠진 중얼거림, 혹은 참다가 터져 나오는 고성 정도가 전부였다. 아이가 어리다 보니 놀이터에서 엄마들을 사귈 기회도 없었고, 남편과 친구들은 모두 힘겨운 직장 생활에 허덕이고 있었다. 나는 아주 빠른 속도로 나의 말을 잃어갔다.

글을 쓸 힘은 더더군다나 없었다. 오래 운영해온 블로그를 살펴보니, 첫째를 낳은 후 약 3년간 블로그에 올린 글이 거의 없었다. 꼼꼼하게 육아일기를 쓰겠다던 결심도 사치였다. 일기장이나 메모장 펼쳐볼 틈도 없이 절뚝이고 휘청이던 날들. 어디에서 무엇을 하며 지내건 읽고 쓰는 삶이 익숙했던 내게는 아주 드문 경험이었다.

엄마라는 이름을 갓 부여받은 초짜 엄마와, 두 팔 두 다리를 바둥거리며 누운 채 나를 올려다보는 갓난아이 둘만이 집을 지켰다. 아이 울음소리에 신경이 곤두서 라디오도 텔레비전도 틀고 싶지 않았고, 좋아했던 음악도 소음으로만 느껴졌다. 집에는 적막감이 흘렀다. 어떤 미디어도 사이에 두지 않고 갓난쟁이와 할 수 있는 대화는 한계가 있었다. 요술 할머니의 보따리처럼 이야기를 술술 풀어내는 재주가, 내게는 없었다.

안 보이는 배 속 아기에게 말을 걸기는 오히려 쉬웠다. 상상 속 아기는 내가 원하는 대로 대화를 이끌어가도 전혀 불평하지 않았으니까. 하지만 아이가 실제로 눈앞에 나타나자 모든 것이 더 어려워졌다. 아기는 대화 상대가 아니라 오직 요구만 하는 존재였다. 반대로 나는 아이에게 요구하고 협상하고 대화할 권리가 없었다. 나로 존재할 권리와 말을 잃으면서, 엄마들은 급격히 메마르고 바스라진다. 누가 손톱으로 살짝만 긁어도 파스스 무너져 뽀얀 흙먼지로 흩어질 것만 같이.

일방적으로 쏟아지는 요구에 감정적으로 지친 나는, 아이에게 내 말을 전할 방법을 찾기 시작했다. 알아듣건 못 알아듣

건 내가 '말을 한다'는 사실이 더 중요했다. 딱히 아이가 아니라도 누구에게든 하고 싶은 말이었다. 당장 눈에 보이는 사람이 아기뿐이니 그에게 말을 걸었을 뿐이다.

그때 우리 둘 사이의 다리가 되어준 것이 바로 그림책이다. 아무 장이고 펼쳐놓고 내용과 상관없이 그림을 두고 이야기하다 보면, 이야기는 풍선처럼 저 너머 어딘가로 날아갔다. 사과 그림을 보면 사과 맛과 향과 아삭거리는 소리에 대해 이야기했다. 달 그림을 보면 달 모양이 얼마나 다양한지, 어릴 적 달이 나를 계속 쫓아오는 것이 얼마나 신기했는지도 들려주었다. 또 달에 정말 토끼가 살고 있을까 궁금했다고, 지구에서는 달 뒷면을 볼 수 없다고도 하며 대화를 이어갔다. 설핏 정신을 차리고 풍선 끈을 잡아당기면 나는 다시 그림책으로 돌아가 한 문장을 읽어주고 또 어디론가 날아가곤 했다.

> 아이에게 책을 읽어주는 게 의미 있는 또 다른 이유는 엄마 자신의 스토리가 어떻게든 녹아들기 때문입니다. 전 모든 사람이 기억과 사연 조각이 가득 담긴 이야기 바구니를 이고 있다고 생각하는데요. 책을 읽을 땐 자기 바구니에서 비슷하다고 판단되는 조각을 꺼내 책 속 이야기에 비춰보는 거라고 생각해요. 기억 저편에서 꺼내오는 거죠. 언뜻 작가가 써놓은 제3의 이야기를 읽는 것 같지만 결국은 엄마 자신의 사연, 아이의 사연이 포개집니다.
> ―최혜진, 『유럽의 그림책 작가들에게 묻다』 중 키티 크라우더 인터뷰

아이에게 처음 보여준 책은 분명한 이야기가 있는 책도 아니었다. 몇십 일 동안은 동그라미, 세모, 네모뿐인 흑백 초점 책을 보여주었다. 시간이 조금 흐르자 이번에는 원색의 색감이 분명한 인지책을 들고 아이와 떠들기 시작했다. 글줄도 없고 서사도 없는 책 앞에서 나는 작가이자 화자, 그리고 청자였다. 아이가 보고 들은 것은 책이라기보다 나라는 사람에 가까웠다. 그렇게라도 나를 쏟아내지 않으면 견딜 수가 없었다.

말의 허기를 채워준 그림책

적극적으로 그림책에 매달린 건 사람에게 닿는 길을 찾기 위해서였다. 힘겨운 육아를 피해 나를 지키기 위해, 역설적으로 혼자 있기보다는 둘이 함께하기를 바랐다. 또 둘째를 낳고는 둘이 아닌 셋으로 폭이 더 넓어졌다. 아이가 너무 어려 아무 반응이 없을 때는 내가 1인 2역을 하며 화자와 청자를 동시에 경험했다.

이 과정에서 아이는 조금씩 커나갔다. 말귀가 트이자 아이를 무릎에 앉히고 이야기를 읽어줬다. 작은 몸뚱이가 내 몸에 닿았을 때 느껴지는 위로는 생각보다 컸다. 말은 하지 못해도 아이는 웃거나 찡그리거나 소리를 질렀다. 그림책을 손으로 팡팡 내리치거나 휙 덮어버리면서 즉각 반응을 보였다.

이런 자잘하고 솔직한 반응들이 다 내게 건네는 말 같았다. '이건 딱 내 이야기예요', '엄마 목소리가 세상에서 제일 웃겨요', '이건 무서워서 싫어요' 따위의 말로 들렸다. 세상 누구도 말을 걸어주지 않을 때, 품안의 작은 꼬마가 그림책을 통해 말을 걸어주었다. 나는 아이의 웃음과 옹알이를 허겁지겁 빨아들이며 말의 허기를 채웠다.

그러나 무엇보다도 계속 그림책을 읽은 까닭은, 자꾸만 눕고 싶은 나를 똑바로 일으켜 세우기 위해서였다. 책을 읽어줄 때만은 모든 의무와 책임과 감정의 소용돌이에서 벗어날 수 있었다. 갓난아기와 둘이 있는 삶에서 가장 힘들고 두려운 것은 신체적인 괴로움이 아니었다. 나의 중심이 흔들리다 못해 사라지는 경험이었다. 그때의 나는 뿌리가 반쯤 뽑혀 기울어진 나무, 한쪽 줄이 풀려 축 처진 그네, 바람 빠져 찌그러진 자전거 바퀴에 가까웠다.

엄마가 된다는 것이 이렇게 한 번은 찢겨야 하는 일임을 아주 천천히, 고통스럽게 배웠다. 오직 타인에게 응답하는 삶에서 머리와 가슴과 손발이 자꾸만 어긋나 중심을 잃고 미끄러졌다. 몸과 마음의 톱니가 제대로 맞물리지 않을 때는, 말도 노래도 다 소음이 될 뿐이었다. 하지만 아이에게 그림책을 읽어주는 순간만은 머리와 가슴과 손발이 함께 노래했다. 눈으로 그림을 보고 입으로 글을 읽어주고 손으로 책장을 넘기다 보면 감동으로 가슴이 들썩거렸다. 읽어주다 혼잣말을 중얼거리기도 하고, 눈물을 흘리거나 깔깔 웃기도 했다. 온몸과 마음이 그림책이라는 하나의 중심으로 모여들었다.

그림책은 그 시절 내게 새로운 뿌리를 내리게 해주고 한쪽 그넷줄을 다시 묶어주고 터진 바퀴에 바람을 넣어주었다. 맥

없이 휘어버린 척추에 언어라는 부목을 대어주었다. 나는 그렇게 조금씩 말을 되찾으며 세상에, 그리고 사람에 가닿기 시작했다.

그때 우리가 기다리던 건

출산휴가와 육아휴직을 합쳐 15개월 동안 첫째와 함께 집에 있었다. 젖을 끊고, 첫돌을 맞이하고, 아이가 아장아장 걷기 시작하나 했더니 어느새 복직이 코앞이었다. 부모님께 아이를 돌봐달라고 부탁드릴 생각이 없었기에 육아 도우미를 구해 적응 시간을 보내야 했다.

솔직히 첫째 육아휴직 기간이 '내 인생에서 가장 아름다운 시간이었다'라고 말하기는 어렵다. 그러기엔 내가 마냥 서툴고 외로웠다. 그런데도 막상 15개월 동안 한 몸처럼 붙어 있던 아이를 두고 회사에 갈 생각을 하니, 새벽이 되도록 잠이 안 오고 자꾸만 눈물이 났다. 대체 어떤 기준으로 사람을 채용해야 할지, 면접 때는 뭘 물어봐야 할지, 낯선 사람을 믿어도 될지, 아이와 떨어지는 연습은 어떻게 할지 가늠조차 할 수 없었다. 저 너머 세상에 대해 아무것도 알지 못한 채 낯선 문 앞에서 발만 동동 구르는 심정이었다.

육아 도우미에 대해 던지던 질문은 결국 나에게로 돌아왔다. 내가 무슨 부귀영화를 누리겠다고 애한테 이런 짓을 하는 거지? 남편이 육아휴직을 쓰는 편이 나을까? 회사를 그만두고 아기를 봐야 하나? 그러면 내가 잘할까? 아니, 그걸 떠나서 내가 행복할까? 질문에 질문을 거듭하다 보면, 마음의 우물이 끝간 데 없이 깊어졌다. 어디까지 깊어져야 두레박을 내릴 수 있을까…….

여러 차례 면접을 본 끝에 육아 도우미를 구하고, 직장과 가정으로 번갈아 출근하는 일상이 시작되었다. 아이는 엄마가 없으면 없는 대로 잘 노는 듯했지만, 엄마가 집에 돌아오면 갑자기 떼쟁이가 되었다. 새로운 상황에 잘 적응했다기보다는 그냥 마음을 눌러둔 것뿐이었다. 눌러둔 마음은 언제고 반드시 새어나오거나 터져 나온다. 복직 1년이 다 되어가도록 아이는 엄마가 회사에 가야 한다는 걸 자연스레 받아들이지 못했다. 주말마다 "엄마 회사 가지 말고 나랑 놀자"라고 떼쓰는 아이 앞에서, 덜 마른 유화물감처럼 마음이 뭉개져 번졌다.

가끔 아이가 늦잠을 자는 바람에 아침 인사를 못 하고 출근하기도 했다. 그런 날이면 저녁에 다시 만난 아이가 유난스럽게 떼를 썼다. 아이에게 엄마가 필요한 최소한의 시간조차 채워주지 못한 탓임을 알면서도, 내 마음 돌볼 길이 없어 나는 자주 지쳤다. 회사에서 이미 한바탕 전쟁을 치르고 왔는데, 아이와 벌이는 2차전도 한밤이 다 되도록 끝날 줄을 몰랐으니까. 이리저리 달래서 재우려고 간신히 함께 누운 밤, 아이는 애착이불을 만지작거리며 내 품에 파고들었다.

"세연이가 엄마랑 같이 있고 싶었지."

"응."

"그래서 엄마한테 떼 부렸구나."

"미안해."

"…… 괜찮아."

고작 26개월짜리가 엄마한테 미안할 게 뭐 있다고. 그냥 엄마랑 같이 있고 싶을 뿐인데…… 졸려서 목소리가 흐트러지는 아이 옆에서 주르륵 눈물을 흘렸다. 다음 날도 그다음 날도

이 삶이 반복되겠지. 앞은 못 보고 내 발 밑만 보며 간신히 걸어가는 날들이 얼마나 더 지나야 더 이상 눈물이 나지 않을까.

그 시절 아이가 좋아해서 읽어달라며 자주 가져오던 책이 있었다. 이태준 작가의 글에 김동성 작가가 그림을 그린 『엄마 마중』이다. 결혼하기 전에 사서 즐겨 읽던 그림책이다. 그런데 출산하고 복직한 이후, 아이가 이 책을 읽어달라고 들고 올 때마다 자리를 피하고만 싶었다. 매번 목소리가 떨려서 울지 않고는 도저히 끝까지 읽을 수가 없어서였다. 마치 아이를 낳고 나서는 동요 〈섬집 아기〉를 끝까지 크게 부를 수 없게 된 것처럼 말이다.

『엄마 마중』의 주인공은 기껏해야 서너 살쯤 되어 보이는 꼬마다. 요즘 시대에는 서너 살 아이가 혼자 정류장에 나가 엄마를 기다리는 일을 상상하기 어렵지만, 여기 나오는 아이는 몸의 비례나 걷는 폼을 보면 틀림없이 아기다. 아기는 전차 정류장에 홀로 나가 엄마를 기다리다, 전차가 오면 차장 아저씨에게 물어본다.

"우리 엄마 안 와요?" (최근 다른 출판사에서 출간된 책은 "우리 엄마 안 오?"로 옛말을 살렸지만, 내가 가지고 있는 옛 책에는 이렇게 되어 있다.)

너희 엄마를 내가 어찌 아냐며 매정하게 대꾸하고 떠나는 차장 아저씨도 있다. 하지만 다른 데 가지 말고 여기에서 가만히 엄마를 기다리라고 다독거리는 따스한 차장 아저씨도 있다. 한겨울 햇빛 조각 같은 아저씨의 한마디를 믿고 아기는 전차 정류장에 꼼짝 않고 서 있다. 눈이 펑펑 내려도, 엄마가 전차에서 내릴 '마침내'의 순간을 기다리며.

지금 이 책을 다시 읽으니 엄마와 아기의 상황이 전혀 다르게 보인다. 과연 엄마가 때맞추어 돌아오기는 할지, 심지어 이 세상에 존재하기는 할지 의심스럽다. 엄마는 과연 어디에 간 걸까? 사실은 집을 나가거나 하늘나라에 갔는데, 철모르는 아이가 마냥 기다리고 있는 건 아닐까? 아득하게 멀어지는 전차 그림에서 아련한 정서가 배어 나오면서, 아이와 엄마의 상황이 더 슬프게 상상된다.

어린아이를 키우며 헐레벌떡 회사에 오가던 당시에는, 이 책이 일터에 나간 엄마를 기다리는 아이 이야기로만 읽혔다. 원작에는 아이와 엄마가 만나는 마지막 장면이 없고 아이가 엄마를 기다리다가 끝이 난다는 것도, 당시에는 몰랐다. 그러니 더더욱 내 이야기 같았다. 누군가와 함께 있어도 아이의 마음은 언제나 엄마와 다시 만나는 순간만을 그리고 있지 않았을까. 그런 생각만 하면 이 책을 소리 내어 끝까지 읽을 수가 없었다.

달을 기다리는 달맞이꽃의 마음으로

나중에야 알게 되었지만, 우리의 현실과 '비슷하다'고 여겼던 『엄마 마중』은 우리의 현실 그 자체였다. 저녁을 먹고 나면 아이는 육아 도우미나 가끔 아이를 봐주러 오신 친정엄마를 졸라 나를 마중 나왔다. 당시 다니던 회사에서 집에 오려면

지하철역에서 내려 버스를 한 번 갈아타야 했다. 긴 내리막길을 달린 끝에 버스에서 내리면, 나의 작고 여린 아이가 "엄마!"라고 외치며 폴짝거렸다. 고단한 퇴근길의 끝에 아이는 달맞이꽃처럼 피어 나를 기다리고 있었다. 집으로 향하는 제2의 출근 예고편이 부담스럽긴 해도, 그 순간만은 달맞이꽃의 웃음으로 함께 환해졌다.

첫째가 어떤 모습으로 버스 정류장에서 나를 기다리고 있었는지는 한참이 지나서야 알게 되었다. 아이는 유모차에 앉거나 곁에 서서, 버스가 내리막길을 달려올 때마다 고개를 번쩍 들었단다. 버스가 서면 내리는 사람을 하나하나 확인하고는, 엄마가 없으면 다시 하릴없이 발놀이를 했단다. 다음 버스가 내리막길을 돌아 내려오면 다시 고개를 들고 내리는 사람 중 엄마가 있는지를 확인했단다. 내가 올 때까지 그 일을 반복했단다.

하지만 나는 아이의 함박웃음만을 봤을 뿐, 기다림의 맨얼굴이 어떤 모습인지 알지 못했다. 내가 회사를 그만두고도 한참이 지난 후에야, 친정엄마가 "나는 그때 세연이 생각하면 너무 짠해"라며 이야기를 들려주었기 때문이다. 내가 마음 아파하며 회사 가기를 힘들어할까 봐, 차마 말해주지 못한 모양이다. 그림책 속의 전차 정류장에서 엄마를 기다리던 꼬마는, 다름아닌 내 아이였다.

그 말을 듣던 날 『엄마 마중』을 꺼내 들고 한참을 울었다. 그 시절의 나와 아이가 안타까워서, 또 나를 비롯해 여전히 일과 육아 사이를 종종거리는 많은 엄마들이 떠올라서 울었다. 엄마에게 자기 삶이 있어야 한다는 것도, 육아가 엄마만의 몫이 아니란 것도, 그 시절을 잘 견디면 가족 모두가 성장한다는 사실도 알고는 있다. 그렇지만 아침저녁으로 마주했던 아이의 눈물 그렁그렁한 두 눈은, 쉬 메워지지 않는 선명한 구덩이로 남았다.

이 글을 쓰려고 한참 만에 『엄마 마중』을 꺼내 들었을 때도 또다시 눈시울이 뜨거워졌다. 왜 6~7년이 지나도 그때 생각을 하면 계속 눈물이 날까. 우리는 대체 어떤 시절을 간신히 건너왔고, 또 아직도 한참을 건너가야 하는 거니.

서너 살 무렵 첫째가 계속 이 책을 찾은 이유는 마지막 장면을 만나기 위해서였을 것이다. 아기가 한 손에는 사탕을, 한 손에는 엄마 손을 잡고 집으로 돌아가는 가슴 따뜻한 장면. 꿈결 같은 함박눈 속에서, 엄마와 아기는 저 멀리에 아주 작게 그려져 있다. 그래도 첫째는 "엄마 만났다!"라고 외치며 두 사람의 만남 장면을 귀신같이 찾아냈다. 그림이 워낙 작아 아기의 표정이 잘 보이지는 않지만, 아마 내 아이가 버스 정류장에서 보이던 함박웃음을 꼭 닮았을 것만 같다.

원작에는 없던 장면이라 해도, 그림 작가가 추가한 환상이라 해도, 우리는 마침내 다시 마주하는 시간을 위해 오랜 기다림을 견딜 수 있었다. 기다림의 두께는 아이들이 커나가면서 점점 얇아질 것이다. 이제부터는 서로를 기다리는 일보다 먼 곳으로 떠나갈 일들이 더 많이 남았겠지. 버스가 올 때마다 수시로 목을 빼고 보던 애틋하고 간절한 마음 같은 건 흐릿한 옛이야기가 되겠지만.

그래도 '기다리는 마음'을 떠올릴 때면 함박눈이 포근하게 내리는 골목길 혹은 내리막길의 버스 정류장이 여전히 눈앞에 펼쳐진다. 수시로 찾아올 짧고 긴 이별을 견디게 하는 단 한 장면이. 언젠가는, 내가 너를 기다리는 버스 정류장의 달맞이꽃이 될지도 모를 일이고.

아이들에게 다정한 도서관

어린아이를 키울 때는 제아무리 장서를 잘 갖추었다 해도 도서관이 멀리 있으면 소용이 없다. 그저 엎어지면 코 닿을 거리에 도서관이 있는 환경이 제일 큰 행운이다. 버스를 타고 몇 정거장만 가면 알찬 장서와 프로그램이 있는 큰 도서관이 있다. 하지만 아파트 단지 정문 바로 옆에 있는 작은 도서관이 우리에게는 훨씬 유용하다. 규모는 작아도 유아열람실이 따로 있으니 감사한 일이다. 아이들을 데리고 어느 때고 마음 내킬 때 갈 수 있고, 장서가 적당하니 오히려 넘치는 선택지 앞에서 고민하지 않아도 된다.

첫째 아이가 누워만 있던 아기 때부터 함께 도서관에 갔다. 사실은 아이보다 나를 위한 선택이었다. 바닥에 깐 얇은 이불에 누워 아기는 바동거리고 발도 구르며 참참 손을 빨아먹었다. 그사이 나는 책을 골라 와 아기 옆에서 읽었다. 인문서도 읽고 그림책도 읽었다. 아기가 낮잠이라도 자주면 그렇게 고마울 수가 없었다. 낯설고 고요한 책의 말들이 내 마음의 빈 곳간을 채워주며 흘러갔다.

아이가 기어 다니기 시작하면서 그런 호사는 사라졌다. 도서관이 놀이방인 양 여기저기 탐색하고 마구잡이로 책을 뽑아 대는 아이를 말리느라 엉덩이 붙이고 앉아 있을 수가 없었다. 집에서는 "안 돼"라는 말을 잘하지 않았는데 도서관에서는 "안 돼", 이 말을 무한 반복했다. 뛰면 안 돼, 다 뽑으면 안 돼, 책 구기면 안 돼, 아무 데나 꽂으면 안 돼.

첫째 말귀가 트이면서 한숨 돌리나 싶었는데, 둘째가 태어나니 다시 원점으로 돌아간 기분이었다. 첫째가 어린이집에 간 사이 한 살 둘째와 도서관에 다니면서 잠깐씩 한숨을 돌렸다. 두 녀석을 한꺼번에 데리고 도서관 가는 일은 쉽지 않았다. 한 녀석 저지레를 막으면서 다른 녀석 책을 읽어주자니, 무엇 한다고 이 고생을 다 하며 도서관에 있나 싶어질 때도 있었다. 게다가 집에 없는 책이 많아서 아이들도 쉽게 흥분했다. 아무 책이고 싹 뽑아 와서 읽어달라고 양쪽에서 들이밀 때는 웃음보다 한숨이 앞섰다.

그래도 갔다. 힘들어도 꾸역꾸역 갔다. 관장님과 눈도장을 찍고, 아이를 달래고 단속하면서 집에 없는 책들을 읽어주었다. 집이 아닌 곳에 있을 수 있다는 것이, 나아가 '책이 있는 공간에 간다'는 사실 자체가 소중했다. 책 한 권 제대로 못 읽어주고 돌아온 날도 있었지만, 도서관에 가서 머물러보는 것도 교육의 일환이라 믿었다. 어릴 때부터 아이들을 데려간 이유는 책을 많이 읽히기 위해서라기보다 도서관이라는 공간과 친숙하게 하기 위해서였다. 낯선 공간에 익숙해지고, 지켜야 할 규칙을 배우고 적응해가는 과정은 결코 하루아침에 이뤄지지 않는다. 몇 달, 아니 몇 년에 걸쳐 부모가 일러주고 가르쳐야 가능한 일이다.

우리 집 책장에도 그림책이 제법 많다. 내가 책 사주는 데는 관대한 엄마라, 아이들이 '읽을 책이 없다'며 불평한 적은 거의 없다. 게다가 집에서 책을 읽으면 옷을 갈아입을 필요도 없고 큰 소리로 대화를 나누어도 괜찮다. 눕거나 엎드리거나

식탁 밑에 들어가 책을 읽어도 누구 하나 눈치 주지 않는다.

그렇지만 집은 가족이 모든 일상을 영위하는 생활공간이다. 밥을 먹고 설거지를 하고 잠을 자는 평범한 일상이 스물네 시간 촘촘하게 이 공간을 채운다. 가끔은 아이들에게 일상 대신 '특유의 분위기 있는 공간'을 소개하고 싶었다. 더 솔직히 말하면, 내가 그런 공간에 가고 싶었다. 좋은 카페나 미술관, 박물관 같은 일상과 분리된 낯선 공간에서 나 자신을 꼿꼿이 세워보고 싶었다. 살림살이로 어지럽혀지지 않은 탁자, 아이들 스티커가 붙어 있지 않은 깨끗한 벽을 마주하고 싶을 때 우리는 가까운 도서관으로 향했다.

전직 사서이자 독자, 이용자의 눈으로 도서관을 바라보며 지은 책 『도서관의 말들』에는, 빛나는 문장들이 고요히 자리 잡고 있다. 그중 내가 가장 오래 곱씹어 읽었던 것은 길고도 아름다운 부제였다. '불을 밝히는, 고독한, 무한한, 늘 그 자리에 있는, 비밀스러운, 소중하고 쓸모없으며 썩지 않는 책들로 무장한.' 그래, 도서관은 때로 신전, 때로 미술관, 때로 사원과 같은 곳이지. 아이들하고 씨름하느라 그런 공간인지 잠시 잊고 있었지만 말이야.

도서관에는 책으로 채워진 서가의 아우라가 있다. 말소리와 마음의 조도를 낮추고, 제목을 더듬으며, 말 걸어오는 책을 천천히 찾아본다. 가장 마음에 드는 자리를 골라 시간을 들여 책을 읽는다. 다른 일은 하지 않아도 되는, 한 사람을 잠깐 숲이나 바닷가나 사막으로 옮겨주는 곳에서…….

책을 빌리기보다는 구입해서 읽기를 선호한다. 한 사람당 3~5권, 대여 기간 2주라는 한계 때문에 늘 조급해진다. 욕심이 나서 빌렸지만 다 읽지 못하고 허둥지둥 반납한 적도 한두 번이 아니다. 밑줄을 치고 메모를 해야 책을 읽은 것같이 느껴지는 오랜 습관, 물성을 가진 사물을 직접 소유하고 싶다는 갈망도 한몫한다. 이런 엄마 때문인지, 아이들도 책을 빌려 읽기보다 사서 읽기를 좋아한다.

그래도 거르지 않고 도서관에 간다. 그곳이 언제나 나를 말없이 받아들여주기 때문이다. 모든 시공간이 구획되어 돈으로 환산되는 도심 한가운데에서 나만의 고아한 신전을 지을 수 있는 곳.『도서관의 말들』의 부제가 단지 미사여구가 아니라 실제임을 일러주려, 우리는 아이들과 함께 도서관에 간다. 언제든 너를 껴안아줄, 무엇이든 내어줄, 네가 숨어들 공간이 곁에 있다고 말해주고 싶어서.

상상의 집으로 들어가는 문

아이들과 도서관을 다닌 또 다른 이유는 책이 다양해서이다. 우리 집 책장은 아무래도 내 취향대로 구성되기 마련이다. 내 눈에 들지 않으면 아무리 좋고 흥미로운 책이라도 아이들이 접할 기회가 줄어든다. 도서관에는 다양한 책이 있어서 아이들은 내 취향과는 전혀 다른 책을 골라 오곤 했다.

아이의 선택이 매번 성공적인 것은 아니었다. 어떤 책은 영 재미가 없고 어떤 책은 성차별 요소가 여전하고 어떤 책은 결말이 성급했다. 그래도 '엄마의 취향'이라는 한계에 갇히기 쉬운 아이들의 서가를 넓히기에는 도서관만 한 곳이 없었다. 도서관은 아이들이 거듭되는 시행착오를 안전하게 경험하면서 자신만의 책 목록을 만들어가기에 좋은 장소이다.

부모의 의지가 굳건해도 도서관에 영유아를 데려가기란 영 쉽지 않다. 나의 경우 가까운 곳에 도서관이 있고 유아열람실까지 이용할 수 있는 행운을 누렸다. 하지만 작은 도서관이다 보니 조금만 소리가 커져도 밖의 성인열람실에서 항의가 들어왔다. 열람실에 있는 다른 부모들도 모두 '조용히 빠르게' 책을 읽어주었다. 아이들에게 더 재미나고 실감나게 읽어주고 싶어도 자꾸만 주변의 눈치가 보였다. 책은 푹 빠져 읽어줘야 제맛인데, 그래야 아이들도 더 깊이 책 속으로 들어올 텐데. 아이들에게 상상과 환상의 세계로 떠날 여지를 거의 주지 않는 환경이 조금은 아쉽다.

『도서관에서 만나요』는 실제 일본 도서관에서 인기 있는 행사를 소재로 한 그림책이다. 아이들이 도서관에 아끼는 인형을 데려와 함께 이야기하는 시간을 즐긴 후, 돌아갈 때는 인형을 두고 간다. 한밤중에 일어난 동물 인형들은 도서관 책을 꺼내 신나게 논다. 도서관 사서 선생님들이 오셔서 책도 정리해주고 놀아주고 이야기도 읽어주며 즐거운 밤을 보낸다. 실컷 놀고 푹 자고 나면 아이들이 인형을 데리러 온다. 그리고 자기 인형이 골라놓은 그림책을 집에 빌려 간다.

자신이 좋아하는 인형이 도서관에서 밤새 즐거운 시간을

보내고 책까지 추천해주다니, 아이들의 상상 세계를 이토록 존중해주는 행사가 또 있을까? 알차고 수준 높은 도서관 행사가 많이 열리고 있지만, '도서관에 가고 싶다'는 마음이 들게 하기보다는 결과물에 집중하는 프로그램이 더 많아 보인다. 독서 수업, 만들기 강좌, 책 배포, 원화전과 더불어, 어린이들이 도서관에 좀 더 호기심을 느끼게 하는 행사가 더 많이 기획되면 좋겠다.

책이 현실과 상상을 이어주는 매개라면, 책의 집인 도서관에서 열리는 행사도 '상상'을 적극 활용하면 얼마나 좋을까. 내 인형은 도서관에서 무얼 하다 잠들었을까, 왜 이 책을 읽었을까, 다음에는 또 어떤 책을 빌려 올까. 아이들이 얼마나 초롱초롱 눈을 밝히며 인형과 이야기를 나눌까, 상상만 해도 마음이 말랑해진다.

유아열람실에 어린이들의 웃음소리가 더 많이 울려 퍼지면 좋겠다. 부모들이 휴대전화를 들여다보는 대신 그림책을 읽어주고 그 소리가 더 낭랑하게 울려 퍼지면 좋겠다. 책 읽는 부모와 아이가 나누는 대화에 사람들이 조금 더 관대해지면 좋겠다. 더불어 도서관이 아이들의 상상력과 호기심에 좀 더 부응하는 장소가 되면 좋겠다. 무엇보다 여기서는 아이들이 상상의 집으로 들어가는 문을 손쉽게 찾았으면 좋겠다. 이 문의 입구를 부모와 사서 선생님, 나아가 책을 읽는 모든 어른들이 지켜주면 좋겠다. 우리가 책을 읽으며 간신히 지켜내고 있는 보석의 땅을, 아이들이 오래도록 간직할 수 있도록.

우리 둘만의
'초록 하트 클로버'

29개월 어린 나이에 첫째는 언니가 되었다. 갓난아이와 비교하면 뛰어다니고 말도 하는 큰언니지만, 사실 두 돌이 조금 넘은 어린 아기일 뿐이었다. 직장에서 출산휴가를 내어 집에 들어온 내게 첫째는 맹렬하게 매달렸다. 육아 도우미와 지내며 엄마와 떨어져 있던 14개월의 시간을 보상받기라도 하려는 듯 잠시도 떨어지지 않았다. 둘째에게는 참 관대한 언니인 대신, 모든 스트레스를 오직 나에게 풀어댔다. 엄마니까 이만큼 해줘, 못 해줬던 거 다 해줘, 더, 더 많이 해줘!

몸이 채 회복되지 않은 데다 출산휴가만 마치고 바로 복직할 작정이었기에 첫째의 이런 행동이 몹시 버거웠다. "엄마는 세 달 동안 너랑 사이좋게 있고 싶어. 그런데 네가 자꾸 이러면 엄마 회사 빨리 가고 싶어져"라며 협박도 했다. 29개월에 갑작스레 언니가 된 아이, 떨어져 있던 엄마가 집에 있는데 독차지할 수가 없는 아이, 동생이 생겼다는 사실이 기쁘면서도 슬프고 생경한 아이. 욕망과 두려움이 한꺼번에 밀려와 엄마를 절박하게 찾았을 아이의 마음이 그때는 잘 보이지 않았다. 그냥, 그냥 다 힘들기만 했다.

엄마를 회사에 다시 빼앗기지 않겠다는 첫째의 집념은 놀라웠다. 거짓말까지 해가면서 복직을 막으려는 투지가 안쓰러울 지경이었다. 결국 1년 육아휴직을 결심하고 아이 둘을 온전히 내 손으로 키우기 시작하면서 첫째는 조금씩 안정되기 시작했다. 단번에 좋아진 것은 아니었다. 32~33개월쯤 절박하게 그림책에 매달렸다. 한 번에 그림책 수십 권을 들고 와서 읽어달라며 내 팔을 놓지 않았다.

돌이켜 생각해보면 그때 아이가 매달린 것은 그림책이 아니었다. 엄마와 자기를 이어주는 끈을 책에서 찾은 것뿐이었다. 첫째가 온전히 나를 차지할 수 있는 시간은 엄마가 그림책 읽어주는 시간뿐이었으니까. 책으로라도 엄마를 붙들려 드는 첫째의 모습에, 누구하고든 이야기를 나누고 싶어 그림책을 꺼내 들고 첫째에게 아무 말이나 늘어놓던 내 지난 시간이 겹쳐 보였다. 사람과 사랑의 끈을 놓고 싶지 않아서 무엇에든 맹렬하게 매달려야 했던 시절이.

그럴 때 내가 해줄 수 있는 것은 오직 아이의 욕망을 어루만져주는 것뿐이었다. 의자에 앉으면 둘째가 자꾸 울어서, 갓난아기를 등에 업고 첫째 곁에 선 채로 그림책을 읽어주었다. 한 시간이고 두 시간이고 원하는 만큼 읽어주었다. 힘에 부쳐 살림은 엉망이고 다른 놀이는 못 해주어도, 그것만은 군말 없이 해주었다.

『열까지 세면 엄마가 올까?』라는 그림책 속 별이에게는 아직 아기인 동생이 있다. 별이도 엄마의 사랑이 간절하지만, 엄마는 아기를 돌보느라 별이의 책 읽어달라는 청을 매번 뒤로 미룬다. 동생을 울렸다고 엄마에게 혼난 별이는, 동생만 사랑하는 것 같은 엄마의 태도에 단단히 화가 난다. 별이는 엄마에게 쪽지 하나 달랑 남긴 채 집을 나온 후, 마당 쪽으로 걸어나가면서 생각한다. '열까지 세면 엄마가 올까?'

하지만 엄마는 오지 않는다. 천천히, 더 천천히 열을 세도 엄마는 오지 않는다. 오겠지, 마당을 벗어나기 전에 엄마가 내 쪽지를 읽고 달려 나오겠지, 올 거야. 못내 서러운 별이의 마음이 다 읽혀 울컥 뜨거운 마음이 쏟아져 나온다.

그래도 아이는 아이인 모양이다. 별이는 마당에 소복하게 쌓인 눈에 정신이 팔려 집을 나가려던 애초의 마음도 잊은 채 눈사람을 만들기 시작한다. 그사이 다가온 엄마는 별이에게 사과하는 마음을 담아 선물을 건넨다. 색종이로 접은 초록색 하트 네 개. 뾰족한 모서리를 맞추면, 둘만의 사랑과 비밀이 가득 담긴 하트 클로버가 완성된다. 엄마와 별이는 손을 꼭 잡고 집으로 다시 들어간다.

첫째를 키우던 시절 내가 몇 달간 접어주었던 초록색 하트 클로버가 바로 그림책이었다. 원하는 만큼 조르는 만큼 접어주어 손안에 꼭 쥐여주었다. 몇 달이 지나고 나니 책에 대한 첫째의 집착도 어느 정도 수그러들었다. 엄마가 다시 자기를 두고 회사에 나갈 것 같은 두려움이 옅어지고, 비어 있던 애정의 우물도 어느 정도 채운 모양이었다. 몇 개월을 살 부비고 지내면서, 동생이라는 존재도 조금 더 잘 받아들이게 된 게 아닐까 짐작한다.

사랑하는 사람에게 바짝 가닿고 싶은 아이의 간절한 마음은 한때 내 것이었기에 더 잘 보였다. 날 사랑하냐고 계속 물어보는 아이의 말 없는 질문에, 나 또한 말 없이 최선을 다해 답했다. 사랑해. 비록 엄마가 네 곁에 늘 있지는 못해도, 너의 부름에 바로 달려오지는 못해도 너는 엄마의 첫째 보물이야.

마음의 공터를 채워주려면

둘째도 하트 클로버를 내놓으라고 성화를 부리던 시절이 있었다. 19개월 때 둘째의 책 집착이 절정에 다다랐다. 언니에게 책 읽어줄 때 곁에서 가만히 듣고 있던 둘째가 자아가 생기면서 돌변해버렸다. 첫째가 책을 들고만 오면, 둘째는 아무 책이고 빼 들고 와 나에게 넘겼다. 그리고 "어어! 어어!!!" 소리를 질러대며 내 무릎에 엉덩이를 들이밀었다.

한동안 지켜보니 단순히 아이의 샘 많은 기질 때문만은 아니었다. 책보다는 엄마에 대한, 엄마와 함께하는 시간에 대한 집착이었다. 태어나 보니 이미 넘을 수 없는 경쟁자가 있었던 둘째 입장에서는, 엄마를 독차지하고 싶은 마음이 얼마나 컸을까.

그러나 아이 마음을 안다고 무조건 둘째 편을 들어줄 수도 없는 노릇이었다. 두 아이의 엄마가 된 이상 책 읽는 규칙을 새롭게 정할 필요가 있었다. 두 아이를 공정하게 대하기가 이렇게 어려운 일인지 둘을 키우기 전까지는 미처 몰랐다.

"무조건 언니 한 권 너 한 권이야, 알겠어? 언니 책 다 읽어야 네 거 읽을 수 있고, 네 책 다 읽으면 다시 언니 차례야."

"어어어! 어어어어!!!!!"

"소용없어, 내려가. 언니 거 다 읽어야 네 거 읽어줄 거야."

말도 잘 못하는 쪼그만 아이가 목청은 어찌나 큰지, 단호하게 내치면 세상이 끝난 것처럼 엉엉 울어댔다. 그래도 본척만척하며 첫째 책을 읽어주었다. 기어코 무릎에 올라오면 번쩍 들어 옆에 다시 내려놔버렸다. 첫째 책을 다 읽어야만 둘째 책을 읽어주었고, 다 읽고 나면 다시 첫째 책을 집어 들었다. 두 달쯤 이 일을 반복한 후에야, 둘째는 '나 한 권 언니 한 권'의 규칙을 체득하였다.

첫째에게는 충만함, 둘째에게는 공정함. 들이대는 잣대가 달라진 것은 아이들의 성향과 키우는 상황이 달랐기 때문이라며 스스로를 도닥여본다. 하지만 이때를 떠올릴 때마다 어쩔 수 없이 둘째에게 미안해진다. 어쩌면 둘째의 마음에는 아무리 멋진 벤치를 놓고 아름드리나무를 심어도 다 채워지지 않는 공터가 있을 것이다. 부모로서 최선을 다해 모든 아이들을 잘 키우려 애써도, 둘째는 태어나면서부터 부모의 관심을 나누어 가져야 한다는 전제 조건에서 벗어날 수가 없다.

게다가 첫째로 나고 자란 나는 둘째의 허전함을 더더욱 알지 못한 채 부모가 되었다. 자기를 오롯이 바라봐달라는 아이의 요구가, 오랫동안 욕심과 극성맞음으로 보였다. 그래서 하트 클로버를 바라는 첫째의 요구는 금방 알아보고 들어줬으면서, 둘째의 요구는 알아차리는 데도 오래 걸리고 매번 들어주기도 쉽지 않았다.

둘째에게 온전히 내어줄 수 있는 건 내 품뿐이었다. 그림책을 읽어주는 동안 내 무릎은 둘째의 전용 좌석이 되었다. 둘째는 그 자리만은 절대로 언니에게 내어줄 생각이 없었다. 나 역시 줄 수 있는 게 그것뿐이라 미안하면서도, 이것만은 널 위해 비워두겠노라 다짐했다. 아이 무게가 점점 묵직해지는 만큼, 내 사랑도 그만큼 부풀고 커졌으리라 믿는다.

　아이가 많아질수록 쉽지 않지만, 그래도 오직 둘만의 초록 하트 클로버를 접는 날들이 열두 장의 달력 속에 꼭 포함되면 좋겠다. 한 명에게만 내어주는 무릎이든, 다른 형제들 몰래 쥐여 주는 뽀뽀든, '사실은 네가 제일 좋아'라고 속삭여주는 귓속말 한마디든, 작은 사랑 하나는 늘 준비해두면 좋겠다. 언제고 바람이 불 때 아이 마음속 공터에서 초록색 하트 클로버가 흔들릴 수 있도록 말이다.

내 안의
아이와
내 아이가
만날 때

20여 년 만에 맛본 간식, 다시 만난 만화책, 중고등학생 때 듣던 노래에서 해일이 둑을 무너뜨리듯 묵은 기억이 쏟아질 때가 있다. 어릴 때 이 아이스크림 제일 좋아했는데 아직도 나오네. 만화 대여점에서 이 시리즈 신간 나오기만을 기다렸었는데. 이 그룹 신보 사려고 매일 음반 가게 들러 물어봤는데.

책이나 그림책을 앞에 두고도 가끔 그런 순간이 찾아온다. 제목과 내용이 정확히 기억나지는 않지만 그 책을 만났던 공간의 느낌, 함께 있었던 누군가, 책을 펼칠 때의 기분, 유난히 좋아했던 한 장면 등이 한 컵에 섞인 칵테일처럼 경계를 흐리며 섞여든다. 그런 책을 만나면 살짝 취기가 오르는 기분이 든다.

그림책 온라인 카페 회원들이 만나는 오프라인 모임 중에 주제에 맞게 각자 그림책을 한 권씩 소개하는 정기 모임이 있었다. 그 달의 주제는 '아이와 비밀'이었다. 회원 한 사람이 아이가 좋아하는 책이라며 『아치야, 생일 축하해!』를 소개했다. 표지만 봤을 때는 분명 처음 보는 책이라고 생각했다. 그런데 한 장 두 장, 장이 넘어갈수록 이상하게 책이 눈에 익었다. 어어, 이거 나 아는 책 같은데…….

그날 서점에 달려가 '개구쟁이 아치 시리즈'를 찾아보며, 기억 속에 묻혀 있던 그림책 친구들을 소환했다. 1976년 태어나 40여 년간 아이들의 사랑을 담뿍 받아온 이 스테디셀러는 여전히 건재했다. 귀여운 너구리도, 늘 같이 다니던 분홍색 토끼들도, 토실토실 돼지도 여전했다. 장난꾸러기 사랑스러운 아치도 변함없이 헤실헤실 웃고 있었다. 어릴 적 그림책을 본 적이 없다고 생각했는데, 주인공과 몇몇 장면, 책을 읽던 시공간의 기억이 조각조각 흩어져 남아 있었다.

특히나 좋아했던 몇 장면이 제일 먼저 되살아났다. 동물들마다 이불에 그린 오줌 지도가 다 달랐지. 선물을 배달해주는 산타도 동물들마다 달랐지. 기억은 조금씩 번져나갔다. 작은 손에 쏙 들어오던 아담한 판형, 사건이 일어날 때마다 극적으로 변하는 아기 고양이의 표정, 너구리나 돼지들의 동글동글한 엉덩이. 이 책을 읽을 때 누워 있던 붉은 누빔 매트의 촉감, 매트 위로 네모나게 잘려 들던 창문 모양의 햇살까지……. 강바닥에 가라앉았던 기억의 비늘들이 하나둘 떠오를 때, 누군가 붓질하듯 금빛으로 변한 수면이 찰랑거렸다.

시리즈 가운데 내가 특히 좋아했던 몇 권을 구매했다. 당시 22개월이던 둘째의 반응은 열광적이었다. 매번 언니 연령에 맞춘 책을 가져오던 녀석이, 딱 제 수준에 맞는 책을 오랜만에 만났는지 "또, 또!"를 거듭 외쳤다. 이불에 실례를 하고, 가슴 두근대며 산타 할아버지를 기다리고, 동생과 잘 놀다가도 다투지만 결국 화해하며 꼭 껴안는 이야기들은 그맘때 우리 자매들을 꼭 닮았다.

얼마 후 그림책 카페에서 게시글을 읽다 오래 잊고 있었던 또 다른 그림책을 발견했다. 초등학교 저학년 무렵 누구네 집에서 한참을 보고 또 보았던 『EQ의 천재들』이었다. 먹보 씨, 꽈당 씨, 너절 씨, 간지럼 씨, 거만 씨, 키다리 씨, 엉뚱 씨…….

등장인물 하나하나가 어찌나 우스꽝스러운지, 키득키득 웃어가며 한 권씩 읽어갔더랬다. 인물들을 하나하나 그리며 놀기도 했고, 영어 이름까지 다 외워버렸다. 책으로 빼곡했던 그 집, 햇살이 잘 들지 않던 좁은 방, 그 방에서 엎드려 이큐를 읽던 내 모습까지 흐릿하게 보이는 것만 같다.

나이를 먹으면서 어느새 아치도 이큐도 머릿속에서 하얗게 지워졌다. 인생에서 뜨겁게 타올랐던 순간도 시간이 흐르고 나면 무력하게 흩어져버린다는 것이 가끔은 헛헛하기만 하다. 그런데 우연히 자극이 주어지면 그리도 생생하게 되살아난다는 것도 여전히 신비롭다. 카페에서 관련 글을 본 이후, 내가 어릴 적 느꼈던 즐거움을 아이와 함께 나누고 싶어 지인에게서 『EQ의 천재들』 시리즈를 구해 왔다.

당시 다섯 돌이 채 되지 않았던 첫째는 이 시리즈를 아주 즐기지도 그렇다고 아주 멀리하지도 않았다. 『EQ의 천재들』에는 '비꼬는 듯한', '예상을 뒤엎는', '반어법'의 유머 코드가 있다. 매일 여기저기 꽝꽝 부딪혀 제대로 된 직업을 구하지 못한 꽈당 씨는 사과밭에서 걸어만 다녀도 쉽게 사과를 딸 수 있어 과수원에 취직한다. 조용한 것을 좋아하는 조용 씨는 시끌나라에 살게 되어 괴롭지만 행복 씨 덕에 최고로 조용한 직장 도서관에 취직한다. 본성을 억누르지 않고 오히려 이를 활용해 살아가는 방법을 재치 있게 표현해냈다.

이런 식의 유머 코드를 이해하려면 인물의 성향을 정확히 이해하고 이야기의 흐름과 반전, 반어법의 묘미를 알아차릴 수 있어야 한다. 게다가 제법 긴 글줄을 견딜 수 있는 힘도 필요하다. 키득키득 킥킥킥, 다섯 돌이 훌쩍 지나고 나서야 이큐를 읽는 첫째의 웃음소리가 들려왔다. 어릴 적 방바닥에 배 깔고 누워 킬킬거리던 나의 웃음과 꼭 닮아 있었다.

그림책은 기억의 냇물을 건너는 징검다리

『EQ의 천재들』시리즈는 이제 탄생 50주년이 되었다. 원작자인 로저 하그리브스는 어린 아들이 "아빠 간지럼은 어떻게 생겼어요?"라고 묻자 답을 들려주기 위해 간지럼 씨를 만들었다고 한다. 1971년 간지럼 씨, 행복 씨, 꽈당 씨, 참견 씨, 먹보 씨, 재채기 씨, 이상 여섯 명의 미스터맨 캐릭터를 만들고, 1981년에는 딸들의 요청으로 리틀 미스 캐릭터를 만들기 시작했다.

하그리브스는 일흔 개가 넘는 캐릭터를 만든 후 1988년 세상을 떠났다. 이후 아들 아담이 열 개가 넘는 새로운 캐릭터를 개발하며 시리즈를 이어오고 있다. 아들에게 들려주려고 시작한 이야기를 아들이 물려받아 쓰고 있다니, 그림책 속에서 아버지와 아들은 영원히 연결되어 살아남겠구나, 목 안쪽이 뜨끈하고 축축해진다.

1970년대 출간되어 무려 50년 가까이 많은 집에서 읽힌 이큐와 아치 시리즈. 요즘 정서에는 맞지 않는 부분도 있고 번역이 부실한 장도 있다. 게다가 요즘은 내가 어릴 때와 달리 좋은 그림책이 워낙 많다. 스테디셀러라고 해서 꼭 찾아 읽힐 필

요는 없다는 말이다.

다만 스테디셀러를 아이에게 읽어주며, 나는 30년 전으로 이끌려간다. 혼자 방에 앉거나 눕거나 엎드려서 책 속 친구들과 속닥거리던, 양 볼도 머리도 마음도 말랑했던 시절. 이 책을 읽은 나이대는 조금 다르지만, 꼬마 황유진과 꼬마 박세연과 꼬마 박정연이 30년을 건너뛰어 같은 시공간에서 웃게 된다. 이런 경험은 오랜 기간 사랑받아온 책이 있기에 가능해진다.

30년 전 그림책을 보며 웃던 꼬마가 내 앞의 딸과 살포시 겹칠 때, 조금 느긋한 마음으로 나 자신을 바라본다. 저 꼬꼬마가 아직도 네 안에 살고 있구나, 다행이기도 하고 불행이기도 하고 그래. 그렇지? 다 자라지 않아 웃을 줄 알고 다 자라지 않아 제멋대로니까. 너는 아직 다 자라지 않은 아이인걸. 아이의 기억을 품고 있는 어른인걸. 완벽이라는 강박에서 조금 벗어나도 된다고, 작게 속삭이는 목소리가 나를 안심시켜준다.

그림책은 여러 갈래의 길을 내고 다리를 놓아준다. 나와 아이 사이에 다리를 놓기도 하고, 지금의 나와 어린 나 사이에 다리를 놓기도 한다. 이 다리는 징검다리이다. 적당한 돌과 이것이 놓일 자리를 신중히 골라야 하고, 낑낑대며 돌 하나씩 옮겨놓아야 한다. 물 아래 오래 잠겨 있던 징검다리, 그래서 이끼가 잔뜩 끼고 흙투성이가 된 징검다리. 폭우에 물이 불어 잠기기도 하지만 쉽사리 떠내려가지는 않는 묵직한 다리.

기억의 냇물에 잠겨 너덜너덜해진 그림책들을 펴 햇볕에 말려주면서, 징검돌의 자리를 하나씩 더듬어본다. 그만하면 너도 참 잘 컸다고, 네가 걸어온 이 길 잊지 말고 가끔 들여다 보라고, 그래서 내 안의 아이와 내 아이가 더 자주 만날 수 있도록 도와달라고 속삭이면서.

부모라는
아늑한 나무

첫째를 낳은 후 육아휴직을 마치고 15개월 만에 회사로 돌아간 나는 더 열심히 일해야겠다고 결심한 터였다. 막 승진한 과장 1년차, 이제는 회사에서 좀 '달려줘야 할 때'라는 생각이 들었다. 하지만 인생이 어디 뜻대로 되던가. 복직한 지 반년 만에 임신 테스트기에 그어진 두 줄을 본 순간, 입에서 처음 터져 나온 것은 기쁨의 환호성이 아니었다.

"어떡하지……."

새벽에 꾼 꿈이 심상찮아 불안했는데, 진짜네. 오른손에 든 임신 테스트기를 망연히 내려다보았다. 가정을 생각하면 행복한 일이었지만, 직장을 생각하면 답답한 일이었다.

이번에는 육아휴직 쓰지 말아야지, 둘째 출산휴가만 쓰고 석 달 만에 복직해야지. 하지만 세 돌이 채 안 된 첫째의 완강한 반대로 계획은 와르르 무너졌다. 온몸으로 엄마를 붙드는 아이 앞에서, 이렇게까지 하며 회사를 가야 하나 싶어서 확신이 없어졌다. 반강제로 들어간 두 번째 육아휴직, 앞길이 막막했다. 또다시 발목이 잡혔다고 생각하니 내내 뒤처지지 않을까 불안하고 팀 동료들에게 미안했다.

제일 큰 두려움은 육아휴직이 상황을 유예하는 것에 불과하다는 점이었다. 한 해 더 큰다고 해서 첫째가 순순히 나를 보내줄까? 그땐 정든 둘째까지 가지 말라 들러붙지 않을까? 1년 반 이상 호흡을 맞췄던 육아 도우미를 다시 구하자니 오히려 더 깜깜할 뿐이었다. 곱씹어 생각해보아도 나는 경제활동을 할 때의 만족감이 큰 사람이었다. 그렇지만 내 손으로 아이도 키우고 싶었다. 세상에 아이를 낳아놓았으니 시간이건 정성이건 들일 만큼 들이고 책임지고 싶었다. 그 와중에 얼마간이라도 나를 지키기 위해서는 일이 필요했고, 아이들을 떼어놓고 해야 할 일이라면 그만큼의 의미와 가치가 있기를 바랐다. 당시에는 돈이나 복지보다 그런 점이 더 중요했다.

'그림책으로 시작하는 번역' 수업을 우연히 발견한 후, 수업을 듣기로 결심하기까지 나를 가로막은 제일 큰 걸림돌은 '시간'이었다. 교육센터에 오고가고 수업을 듣고 숙제를 할 물리적인 시간이 필요했다. 숙제야 잠을 줄여 한다손 쳐도, 오전 수업을 가려면 아직 돌이 되지 않은 둘째를 어딘가에 맡겨야 했다. 육아 도우미를 막 내보낸 터라 새로이 사람을 뽑을 생각은 못 해봤고, 1주일에 한 번 오는 도우미를 구하기는 왠지 어색하게 느껴지던 때였다.

나는 남에게 부탁하는 것을 무척 어려워한다. 주변 사람들에게 무언가 도와달라 입 열기가 그렇게도 힘들다. 이런 부탁을 받으면 불편해하지 않을까, 다른 사정이 있지 않을까, 거절당하면 서로 민망해서 어떡하지. 생각이 꼬리를 물다 보면, 결국 부탁하는 대신 알아서 해결하거나 포기하는 경우가 많았다. 주변 사람에는 부모님도 포함된다. 엄마한테조차 뭘 해달라 청할 때는 왜 그리도 입이 떨어지질 않는지.

하지만 이번만은 혼자 해결하기가 어려웠다. 그렇다고 수업을 포기할 마음은 더더욱 없었다. 이 기회를 놓치면 안 될 것만 같은 강렬한 직감이 밀려와, 망설이고 또 망설이다 엄마에게 전화를 걸었다.

"엄마…… 나 좀 도와줘. 나 하고 싶은 공부가 있는데, 일주일에 한 번만 와서 둘째 좀 봐줘요."

대중교통으로 우리 집까지 오려면 한 시간이 넘는 거리, 매주 꼬박꼬박 엄마가 와준 덕에 공부를 하러 나갈 수 있었다. 아이를 두고 나갔고, 친정엄마가 오가는 수고를 해주셨고, 직업을 바꿀 마음이 가득했기에 정말 열심히 했다. 아이 둘을 재우고 새벽 2~3시까지 숙제를 하며 버텼다. 육아휴직이 끝나기 몇 달 전 나는 남편에게 회사를 그만두고 번역가로 전직하고 싶다 털어놓았다. 남편은 고맙게도 전적으로 내 선택을 지지해주었다. 시가에 말씀드린 후, 맨 마지막으로 친정에 퇴사 결심을 털어놓았다.

"내가 좀 더 건강해서 애들을 봐줄 수 있으면 네가 안 그만둬도 될 텐데……."

10년 다닌 회사를 그만두겠다고 선언했을 때, 정작 덤덤했던 나와 달리 엄마는 펑펑 울었다. 성차별이 심하던 시절, 엄마는 대학을 나와 남자들과 똑같은 일을 하며 똑같은 월급을 받던 엘리트 여성이었다. 하지만 임신이 곧 퇴사로 이어졌고, 이후에는 가정주부의 삶을 살았다. 누구보다 열심히 우리를 키웠지만 친구들 중 계속 일을 해서 의사나 교수가 된 사람을 보면 부러워하곤 했다. 가지 못한 길에 대한 아쉬움이 가슴 한켠에 있었다. 그래서 엄마는 내가 아이를 낳고도 회사 다니는 걸 좋아했고, 결국 그만두겠다 하니 무척이나 서글퍼했다.

2015년 여름 공부를 시작하고 2016년 여름 퇴사를 했다. 1년이 훌쩍 지난 2017년 가을이 되어서야 첫 번역서가 나왔다. 조지 거슈윈의 〈랩소디 인 블루〉 작곡 일화를 다룬 『내 머릿속에는 음악이 살아요!』이다. 번역서가 출간된 지 얼마 안 되어 엄마가 내 통장에 입금을 했다. 생일도 기념일도 뭣도 아닌데 무슨 돈일까 싶어 물어보니 번역가 데뷔 기념 용돈이란다. 주변에 손자손녀 있는 집에는 책도 돌릴 거란다. "엄마, 누가 보면 베스트셀러 작가 된 줄 알겠어"라며 웃었지만, 내가 회사를 나온 후에도 일하는 것을 누구보다 좋아하신다는 걸 알기에 고맙게 받았다.

다정의 유효기간은 언제까지일까

비슷한 시기, '직장인을 위한 김호의 생존의 방식'이라는 《동아일보》 칼럼에 인터뷰이로 나가게 되었다. 그림책 테라피스트 일을 막 시작했을 때 만났던 더랩에이치 김호 대표와의 인터뷰였다. 진짜 나올까 싶어 아무 말도 안 하고 있다가, 기사가 나온 후에야 남편에게 보냈다. 그러자 남편이 온 가족에게 기사 링크를 보내주었다. 기사를 본 아빠의 첫 반응은 이랬다.

"오호, 멋지네~."

그런데 반전이 있었다. 며칠 후 아빠가 단체 카톡방 메시지 대신 나에게만 따로 장문의 문자를 보내왔다. 아니 그런데, 이게 뭐람?! 처음부터 끝까지 영문으로 쓰여 있었다.(여기에는 번역하여 옮겨보겠다.)

네가 프리랜서의 모델로 기사에 소개되었다니 무척 기쁘다. (중략) 아마도 그리고 분명, 앞으로 더 많은 사업 기회가 있을 거야. 하지만 천천히 그리고 진심을 다해 시작하는 것이 때론 더 효과적일 거다. 네 삶에 너무 큰 짐을 지울 필요가 없다는 말이다. 일이 너를 짓누르는 스트레스가 되면 안 된다. 네 삶을 풍성하게 하기 위해 스스로를 존중해줘라.

이 문자를 받기 몇 달 전 친정에서 재미난 걸 보았다. 내가 다섯 살 때 아빠가 써준 연하장이었다. "나라의 일꾼", "성실하고 근면하게" 따위의 말이 쓰여 있었다. 아니, 고작 다섯 살짜리 딸에게 주는 편지에 저런 말은 뭐야! 열 살짜리 딸에게도 이런 말은 안 쓰겠구만! 다정한 말을 잘 못 하고 무뚝뚝한 아빠 성격이 그대로 보였다. 읽으면서 깔깔 웃었지만, 이제는 나도 안다. 아빠는 사랑이 많은 분이지만 말로 표현하기를 부끄러워해서 항상 말 뒤에 숨으려 한다는 것을.

아빠의 문자를 받고서도 비슷한 느낌이 들었다. 그냥 한글로 쓰면 되는 것을, 그렇게 얘기하면 너무 다정해 보일까 봐 애써 딱딱한 영어 뒤에 숨어 전하는 투박한 진심. 피식피식 웃음이 나면서도 어쩐지 눈물이 그렁그렁해졌다. 바로 전화해서 고맙다고 하니 아빠는 무척이나 쑥스러워했다. 인간적인 성장도 좋고 일도 좋지만 무엇보다 건강해야 한다고 말씀하셨다. 몇 주간 계속 기침이 멈추지 않아 고생하던 내가 마음에 걸렸던 모양이다.

30대 중후반이 된 자식도 부모에게는 그렇게 애틋하고 뿌듯한 존재인지. 아직 아이들이 어리다 보니 그런 마음은 통 알 수가 없다. 내 품의 자식들이야 지금은 마냥 사랑스럽고 자랑스럽지. 학예회 무대에 오른 아이, 더듬더듬 한글을 읽기 시작한 아이, 두발자전거 타는 데 성공한 아이를 볼 때 기쁨이 샘물처럼 차오른다. 아이는 쉬지 않고 씨앗을 뿌리고 꾸준히 싹을 틔우며 제 밭을 가꾼다.

더 이상 눈에 띄는 성장도 성취도 없는 어른의 세계에서, 다들 허덕이며 하루하루를 버텨나간다. 하지만 잘해내고 있는지 모르겠고 앞이 컴컴하던 시절, 어쩌면 그때야말로 다시금 부모의 '다정'이 유효하지 않을까 생각해본다. 성인이 된 후에는 까맣게 잊고 살지만, 가끔 삶의 길이 한없이 구부러져 끝이 안 보일 때는 이야기가 달라진다. 네 살 꼬마도 일곱 살 어린이도 열다섯 살 학생도 듣고 싶을 말…… 잘했다, 대단하네, 애 많이 썼다. 그런 온전한 믿음과 격려의 말들이 사무치게 듣고 싶어진다.

두 아이의 엄마가 되었어도 한구석 기댈 '다정'이 있으니 얼마나 감사한 일인가. 나무가 되어주는 부모가 있다는 게 어떤 의미인지, 나는 참 모르고 살아온 것이다. 훗날 서른 넘고 마흔 넘은 딸에게 나 역시 아늑한 그늘을 드리워줄 나무가 될 수 있을까.

엄마의 수고를
알아주는 사람은

아이 키우다 보면 엄마로서 자기 효능감이 뚝 떨어지는 시기가 온다. 나는 엄마 자격이 없나 보다, 좋은 엄마가 되기는 틀렸나 보다. 둘째 두세 살 무렵, 내 엄마 효능감은 바닥을 치고 있었다. 첫째를 키워본, 나름 초보 딱지는 뗀 엄마라고 생각했는데 둘째 앞에서는 도통 감을 잡을 수가 없었다.

돌이 될 때까지 우리 둘째는 나의 '작은 해님'이었다. 머리숱이 없어 민머리에 하얗고 볼살이 통통한, 그야말로 환하고 똥그란 해님 같았다. 언니보다는 먹는 양이 적었지만 그렇다고 먹을거리로 특별히 속을 썩인 적은 없었다. 갓난아기 때 낮밤이 바뀌긴 했지만 잠도 그만하면 잘 자는 편이었다. 조그마한 자극에도 잘 웃는 편이라, 표정 변화가 많지 않던 첫째와는 다른 기쁨을 선사했다. 정말 밝고 순둥한 아이가 우리에게 왔구나 싶었다.

아이가 제 성질을 드러낸 때는 약 15개월이 지난 후부터였다. 말귀가 트이고 의사 표현을 할 수 있게 되자 나의 작은 해님은 어디로 튈지 모르는 탱탱볼이 되어버렸다. 게다가 어찌나 뜨거운지 손에 쥘 수도 없었다. 그때의 배신감이란!

첫째에게는 a라는 반응을 기대하고 A를 주면 대강 a-b 사이의 반응이 돌아왔다. c 정도의 반응은 적당히 대응할 수 있었다. 하지만 A를 주면 j가 돌아오는 둘째는 미스터리 그 자체였다. 안으면 내려라 내리면 올려라 나가면 들어와라 들어오면 나가라, 도대체 어느 장단에 춤을 추란 말인지. 단것이나 인형처럼 아주 사소한 일로 시작된 울음은, 제 성을 못 이겨 점점 커지면서 30분이고 한 시간이고 얼굴이 다 붓도록 이어졌다.

그 시절 몇 번이나 나의 바닥을 보았는지 모른다. 이맘때의 첫째에게 짜증을 낸 적은 있어도, 배 속에서부터 끓어오르는 화를 토해본 적은 없었다. 그런데 둘째에게는 한 번 화가 터져 열이 오르면 식을 줄을 몰랐다. "엄마보고 더 이상 어쩌라고!"라며 온몸으로 소리도 질러봤고, 문 밖에 아이를 세워두기도 했고, 방 안으로 도망가 문을 잠가 보기도 했다. 그래도 아이는 지지 않고 악을 쓰며 울었다. 그렇게 울면서도 안아달라고 소리를 질렀다. 미워하든지 사랑하든지 하나만 하란 말이야……. 나는 정말로, 진심으로, 둘째가 별나다고 생각했다.

매일 아침 어린이집 보내기도 전에 이미 탈탈 털려 넋이 나간 채, 매번 한숨을 쉬며 둘째를 어린이집으로 들여보냈다. 첫째 때부터 나를 봐온 원장 선생님께서 가만히 말씀하셨다.

"어머니…… 정연이가 다 들어요."

아, 그 말이 얼마나 칼날 같았는지. 고성을 지르지는 않았더라도, 한숨을 내쉬고 짜증 섞인 표정을 지으며 아이에게 계속 말했던 거다. 너 때문에 힘들다고, 너 때문에 힘들어하는 나의 고통과 수고를 알아달라고. 그런 말이 아이를 더 불안하게 하고 더 매달리게 하고 더 드러눕게 한다는 것을 모른 채.

이제는 조금 안다. 당시 둘째는 나를 매번 시험하고 있었던 것 같다. 엄마는 어디까지 날 받아줄 수 있어? 이건 돼? 안 돼? 그럼 요 정도는? 이건 된다고? 그럼 이건? 한번 안 된다고 하면 바로 수긍하거나 아예 확 들이받는 첫째와는 달리, 둘째는 끊임없이 나에게 질문을 던졌다. 질문을 열 번 가까이 받게 되면 내 인내심도 한계에 이르렀다. 안 된다고, 엄마가 안 된다고 했잖아! 꼭 엄마가 큰소리를 내야만 해?! 이거든 저거든 다 안 돼!

둘째 성정이 첫째에 비해 예민하고 까칠하기도 했지만, 내 무의식 속에는 이런 마음이 숨겨져 있었던 것 같다. 15개월에 육아 도우미와 둘이 있어야 했던 언니에 비하면 너는 엄마랑 얼마나 오래 붙어 있는지 알아? 너는 내 수고를 알아주지도 않고 왜 더 해달라고만 하는 거야? 내가 얼마나 아등바등하면서 일을 찾고 너희도 키우고 있는지 알기나 하는 거야? 억울한 마음이 한숨으로 외침으로 짜증으로 변해 아이에게 던져졌다.

『엄마 사슴』은 아기 사슴에게 향하는 악어의 시선을 돌리기 위해 죽음도 불사하는 엄마 사슴의 모정을 그린 그림책이다. 이 원고를 쓰던 도중 그림책을 읽다가 그만 마음이 서늘하게 얼어붙었다. 죽음마저 뛰어넘을 수 있는 엄마 사슴의 희생이 고귀하고 아름다워서? 그런 면도 있다. 나라면 아이를 구하려고 저리 서슴없이 몸을 내던질 수 있을까 되묻게 된다.

하지만 더욱 두려움을 안긴 것은, 오직 앞만 보고 물을 건너간 아기 사슴의 뒷모습이었다. 엄마가 자신을 위해 무엇을 내던졌는지 아기는 모른다. 어느 순간 엄마가 없음을 알게 되겠지. 자신을 두고 간 엄마를 원망하지는 않을까. 엄마 입장에서 이 책을 보면, 돌아보지 않는 자식의 뒷모습이 얼마나 싸늘한지 모른다. 한때, 아니 지금껏 종종 내가 우리 부모님에게 보였던 뒷모습과 꼭 닮았을 것이다.

　자식은 부모가 하는 일들을 잘 모른다. 아니, 몰라야 할 터다. 나도 어릴 때 아빠가 회사에 간다는 것만 알 뿐, 회사에서 무슨 일을 하며 무엇을 견뎌야 하는지는 짐작할 수 없었다. 엄마가 나와 동생을 키우기 위해 무엇을 포기했는지 알 수 없었다. 부모가 자식을 위해 어떤 일들을 하는지 모를 때, 아이들은 아이의 마음을 품고 자란다. 부모가 어려운 자리인 이유는, 내가 널 위해 한 일들을 '알아달라'고 할 수 없기 때문이다. 알아달라고 하는 일도 아니고, 알아달라고 해서도 안 된다.

　도통 알 수 없는 이유로 아이가 뒤집어지며 울어댈 때마다 나도 함께 울고만 싶었다. 두돌쟁이 둘째를 붙들고 같이 운 적도 여러 번 있었다. 제발 내 고생과 노력을 알아달라고 악을 쓰고 싶었다. 참다 참다 터져버린 나는 아이에게 언성을 높였고, 둘째는 어김없이 더한 생떼로 나를 흔들어댔다.

　하지만 내가 아이를 위해 했다던 모든 일은 결국 내 선택이었다. 바로 내가 아이를 낳기로 하고, 퇴사를 결심하고, 두 아이를 키우기로 했다. 선택했으니 힘들어하면 안 된다는 말은 아니다. 다만 내가 한 결단의 대가를 아이에게 떠넘기는 일만은 하지 말았어야 했다. 그 순간 내 삶은 한없이 휘청대고 아이의 삶은 짓눌린다. 나의 수고를 알아줘야 하는 대상은 결코 아이가 아니었다.

　"너의 수고는 너 자신만 알면 돼."

　내가 참 좋아하는 방탄소년단의 맏형 진이 2016년 셀프인터뷰에서 한 해 동안 수고한 본인에게 한마디 해보라고 하자 이런 말을 했다. 20대 청년이 하기에는 얼마나 깊고 성숙하고 또 아픈 말인가. 엄마씩이나 되고 나서도 누가 나의 수고를 알아주길 바란다. 다름 아닌 내 자식이 알아주길 바란다. 나의 노고에 몹시 고마워해주길 바란다. 그러나 사실 자식은 제 부모가 하는 수고 중 10억분의 1도 알아차리지 못하고, 어쩌면 영영 모른 채 살아간다.

나의 수고를 알아줘야 할 사람은 아이가 아니라 나 자신이다. 자신을 도닥거려주지 못할 때, 자꾸만 아이에게 걸려 넘어지는 느낌이 든다. 아이에게 걸려 넘어지는 것도 힘든데, 나까지 내 발목을 잡으면 앞으로 걸어 나갈 수가 없잖아. 내가 정말 미루지 말아야 할 일은, 수고하며 하루를 버텨낸 나 자신을 도닥여주는 일이었다.

엄마 곁에는 엄마

하지만 나의 수고를 내가 알아주기란 말처럼 쉬운 일이 아니다. 아이가 어릴 때는 육체적으로 힘겹다 보니 나를 도닥일 정신적 여유가 없었다. 먹이기도 재우기도 힘들고 말도 안 통하는 아이와 종일 씨름을 하는데 무슨 수로. 잠든 애 얼굴을 내려다보며 아까 그렇게 화내지 말걸 후회하며 하는 반성만 한가득인데 무슨 수로. 내일 아침 눈 뜨면 똑같은 하루가 반복되는데 또 무슨 수로.

당시 나의 기댈 언덕은 나와 비슷한 수고를 하고 있던 엄마을이었다. 둘째가 태어난 이후 온라인 카페 '그림책 읽어주는 엄마'에서 살다시피 했다. 몇 년간 하루에도 몇 번씩 카페에 들락거리며 글을 쓰고 댓글을 남기고 한꺼번에 서너 개씩 독서클럽 활동을 했다. 낯선 사람 만나는 거 무서워하는 사람이 애 둘을 앞뒤로 들쳐 업고 정모에 나갔다. 함께 하는 그림책 모임, 이론서 공부 모임은 어떤 치유 프로그램보다 나를 벅차게 했다.

카페에서 함께 그림책을 읽던 사람들 모두가 아이 가진 엄마는 아니었다. 아빠나 이모도 있었고, 그냥 좋아서 그림책을 읽는 이들도 있었다. 그렇지만 그림책 애호가라는 취향에 더해 엄마라는 동질감이 겹치면, 옆집 엄마 윗집 엄마 같은 반 엄마보다 더 큰 위로가 되었다. 아무도 우리의 수고를 알아주지 않는 것 같아 외롭던 시절, 서로가 서로의 수고를 알아주며 끝끝내 깊은 골을 건넜다. 서로의 아이를 비교하고 시기하는 대신 칭찬하고, 서로의 힘듦을 전시하는 대신 위로해주었다.

세상이 계속 변하고 있다지만, 엄마라는 존재를 바라보는 시선은 여전히 몇 개 되지 않는다. 아이를 위해 무엇이든 할 수 있는 슈퍼맘, 아이를 일일이 챙겨주는 매니저, 도가 지나쳐 사회 규범이나 도덕 따위는 개의치 않는 맘충, 아이보다 자기가 우선인 독한 워킹맘. 몇 개 되지도 않는 틀에 갇힌 엄마들은 자괴감과 죄책감에 파묻히기 십상이다. 슈퍼맘이 되지 못해 힘겹고 매니저 노릇 하다 지치고 이기적이란 비난까지 견뎌야 하는, 삼중 사중의 압박 아래에서.

그러나 엄마들이 그림책과 아이를 함께 고민하는 공간 속에서, 다양한 엄마의 얼굴을 만날 수 있었다. 여전히 흔들리지만 계속 공부하는 엄마, 아이의 마음을 지켜주는 엄마, 아이를 사랑하면서 나 자신도 사랑하는 엄마, 내 아이만 중요하다 여기지 않으려 애쓰는 엄마……. 그런 엄마들이 서로의 마음을 내어 보이고 격려하고 지지하는 모습을 보았다.

내가 나 자신의 수고를 위로할 수 없어 헐떡일 때, 여기저기에서 내미는 시원한 음료 한 잔의 힘으로 목마름을 견딜 수 있었다. 그리고 가끔은 나도, 다른 이에게 위로의 음료 한 잔을 건넸다. 그렇게 갓난아기를 키우는 시절을 견뎠고, 미숙한 1학년 엄마의 시절을 건넜다. 서로의 수고를 알아주는 사람들 덕에 나는 조금 나은 엄마가 될 수 있었다. 함께 읽는 그림책이 가능케 한 환대와 휴식이었다.

2부

함께
있는 것만으로도,
함께
읽는 것만으로도

보고 또 보고,
읽고 또 읽고

첫째가 두 돌 되기 전까지 읽어준 책의 종류는 그리 많지 않았다. 임신 전부터 모았던 그림책 100여 권, 그리고 갓난아기 필수품처럼 여겨지던 영아 그림책 전집 한 질이 전부였다. 보여줄 그림책에 대한 기준도 없고 잘 알지도 못했다. 영아 그림책 전집의 양대 산맥 중 뭐가 나으려나 고민하는 수준에 불과했다.

　　영아 시절 읽어주면 좋을 책을 꼽으라면 이제는 '단순하고 아름다운 책'이라고 말하고 싶다. 글과 그림이 단순하지만, 그래서 사물의 정수를 정확히 반영하고 있는 책, 색감과 형태가 아름답고 긍정적인 정서를 자극하는 책. 하지만 당시엔 그런 미덕을 알아볼 만한 눈과 귀가 없었다. 그저 내게 울림 있는 책 가운데 손에 집히는 대로 보여주고 아이와 이야기를 나눴을 뿐이다.

　　다행히 내가 좋아해 모아둔 앤서니 브라운이나 레오 리오니, 이보나 흐미엘레프스카 등의 그림책은 아이도 퍽 좋아했다. 사운드북이나 촉감 놀이 그림책이 포함된 영아 전집도 열심히 반복하여 읽었다. 아이에게 그림책은 이야깃거리이기도 했지만 먹고 빨고 듣는 장난감이기도 했다. 아이의 시간을 함께 견디며, 책은 낡고 해지고 때로 고장 나기도 했다.

　　그 운명의 책을 만난 곳은 친정집 쓰레기장이었다. 아이를 다 키운 어느 집이 책장 정리를 했는지, 제법 많은 그림책들이 쓰레기장 구석에 가득 쌓여 있었다. 쭈그리고 앉아 들고 올 만한 책이 있나 훑어보았다. 통째로 버려진 프뢰벨 테마 동화 전

집중 상태가 괜찮은 책들을 먼저 골라냈다. 바로 옆에는 처음 보는 시리즈물 여섯 권이 쌓여 있었다. 넌 깨끗하니 '묻지도 따지지도 않고' 합격. 내용도 등장인물도 모른 채 들고 온 책이 그 유명한 '바바파파'였다.

그렇게 두 돌 무렵 첫째는 쓰레기통에서 살아 돌아온 바바파파를 만났다. 첫째가 그토록 집요한 아이인 줄을 그때 처음 알았다. 책 읽어달라고 가져올 때마다 아이의 손에 바바파파가 들려 있었다. 읽고 또 읽고, 앉아서 읽고 누워서 읽고. 엄마 입에서는 단내가 날 지경인데 아이는 지치지도 않고 더 읽어달라 했다. 이게 뭐 그리 특별히 재미있지? 몸을 자유자재로 변신하는 게 재미있나? 성향이 모두 다른 인물들 때문에 재미있는 건가? 1970년대에 탄생한 책이 40년 넘도록 꾸준히 사랑받고 있는 걸 보면, 나는 잘 모르는 특별함을 아이들은 느낀 모양이다.

'바바파파 시리즈'는 부부 작가가 주고받던 낙서에서 출발했다. 건축설계사인 아네트 티종과 수학과 교수인 탈루스 테일러는 파리의 카페에서 우연히 옆자리에 앉게 되었다. 장난삼아 주고받던 낙서가 발전해 이 책의 주인공 바바파파^{Barbapapa}가 태어났다. 바바파파$^{barbe\ a\ papa}$는 프랑스어로 아빠^{papa}의 수염^{barbe}, 즉 솜사탕을 의미한다고 한다. 바바파파 한 명으로 시작하는 이야기는 바바파파가 바바마마를 만나 아이들을 낳으면서 무궁무진하게 확장된다. 몸을 자유자재로 변화시키는 바바파파 가족의 생기 넘치는 일상이 그림책을 가득 채운다.

여섯 권을 가져오고 1년이 다 지날 때쯤에야 바바파파 시리즈가 훨씬 많다는 것을 알게 되었다. 전집에 무지한 엄마라 전혀 몰랐다. 클래식, 어드벤처, 수수께끼, 사이언스 등등 뭐가 이렇게 많니. 한참 검색하고 있는데 첫째가 슬그머니 곁에 오더니 묻는다.

"엄마, 이게 뭐야?"

"바바파파 책이 저 여섯 권 말고도 많이 있더라고."

"사줘! 사줘!"

결국 아이의 세 돌 선물로 바바파파 클래식 전집을 들였다. 50여 권의 책이 들어온 날 아이는 상자를 헤치며 마구잡이로 책을 꺼내 들었다. 그때부터 약 1년간 아이가 읽은 책 열에 여덟은 바바파파 시리즈였다. 앞서 단내 난다고 힘들어했던 게 다 전초전에 불과했다니. 얼마나 좋았으면 유아 텐트나 래시가드도 바바파파 캐릭터 상품으로 살 지경이었다. 그 많은 뽀로로와 타요와 폴리를 모두 물리치고!

더 멀리 더 깊이 뻗어가는 이야기 뿌리

아이들이 똑같은 책을 계속 가져오는 데에는 두 가지 이유가 있다. 하나는 안정감이다. 아이들은 아직 발이 가볍다. 팔랑팔랑 날 듯이 걷는 이유는 땅에 채 뿌리내리지 못했기 때문이다. 아이들은 이제 막 땅에 내려앉은, 잔털도 떨어지지 않은 씨앗이다. 그래서 바람 부는 대로 어디든 날아간다. 자유롭고 가벼운 만큼 아직 세상은 두렵고 안정감은 부족할 수밖에 없다.

내가 좋아하는 사람이 내가 좋아하는 이야기를 반복해서 들려주니, 아이의 마음이 얼마나 편안할까. 따뜻하고 유쾌한 이야기를 여러 번 들으면서 아이들은 땅에 조금씩 뿌리를 내린다. 세상은 꽤 괜찮은 곳이구나, 여기는 내가 뿌리내려도 될 만한 곳이구나……. 한번 자리 잡은 아이라는 식물은 햇빛을 받고 물과 양분을 먹으며, 아래로 위로 무섭게 뻗어갈 줄 안다.

어릴 때 획득한 이 안정감은, 읽기 독립이라는 불안한 시기를 건너가는 징검다리가 되어주기도 했다. 일곱 살이 다 지날 무렵 첫째의 읽기 독립은 아직 완벽하지 않았다. 이때 첫째가 혼자 읽기를 시도한 책은 반 이상이 '바바파파 시리즈'였다. 이맘때 평범한 아이들에게는 글자를 정확히 읽어내는 것만 해도 큰 부담이다. 자주 읽어 내용을 잘 아는 책이라면 혼자 읽기의 부담감도 조금은 덜어낼 수 있다.

열 살이 된 지금도 첫째는 '바바파파 시리즈'가 꽂힌 책장 앞에서 뒹굴거리다 한 번에 열 권이 넘게 빼 보곤 한다. 바바파파가 왜 그리 좋냐고 물으면 그냥, 그냥 좋단다. 별다른 이유를 대지는 못하지만, 아이가 세상에 내리는 뿌리는 그렇게 조금씩 더 깊어진다고 생각한다.

아이들이 반복 독서를 하는 또 다른 이유는 아직도 발견할 재미가 남아 있기 때문이다. 아이들은 아직 이야기 경험치가 많지 않기 때문에, 들으면 들을수록 보면 볼수록 몰랐던 세계가 하나씩 열린다. 그래서 이야기를 흡수하듯 듣고, 그림도 놓치지 않으며 세세히 살핀다. '100층짜리 집 시리즈' 읽느라 한 시간을 보냈던 경험, 다른 집도 있지 않을까? 1층부터 100층까지 올라가다 보면 도무지 끝날 기미가 보이지 않아 잠자리에서 읽는 책으로는 금지해버린 책. 어느 순간, 다 아는 서사에는 관심이 없고 자매 둘이 더 재미있는 그림을 찾아 공유하느라 열중하고 있다.

우리 집에서 많은 사랑을 받고 다른 이들에게도 많이 선물한 그림책 중 하나가 『판다 목욕탕』이다. 판다만 들어갈 수 있는 전용 목욕탕에서 판다의 진짜 정체가 밝혀지는 아주 재미있는 책이다. 첫째가 네 살 될 때부터 읽기 시작했는데, 둘째도 네 살 무렵 이 책을 무척이나 사랑했다. 신기한 것은 당시 일곱 살이 된 첫째도 『판다 목욕탕』을 읽어달라며 계속 가져온다는 점이었다. 이 책의 묘미는 판다의 정체가 드러나는 대목에 있는데, 이 반전은 이미 마르고 닳도록 경험한 아이였다. 대체 어디가 그렇게 재미있는 걸까?

그 무렵 한글을 읽게 된 첫째는 글 대신 그림 속에 삽입된 깨알 글씨를 하나하나 읽으며 킬킬거렸다. 천연 대나무 린스, 대나무맛 우유, 판다용 검정 왁스. 목욕탕의 풍경을 현실성 있게 묘사하면서 동시에 판다의 생태를 잘 담아낸 유머 코드를, 스스로 찾아 즐길 수 있게 된 것이었다. 글씨를 모를 때 눈에 띄지 않았던 정보들이 일곱 살 아이에게 새롭게 발견되기를 기다려온 셈이다. 어른들은 다 안다고 쉬이 지나쳐버리는 것 앞에서도, 아이들은 쪼그리고 앉아 눈을 크게 뜰 줄 안다. 여전히 그 책을 더 깊이 경험할 수 있다.

어린 시절 사랑하여 반복해서 읽은 책은 안정감과 즐거움으로 오랜 시간 동안 아이들을 위무하고 지지해준다. 하니 그런 경험을 부모가 미리 끊어버리지 않았으면 좋겠다. 이건 너무 많이 읽었으니 다른 책을 가져와, 이제 네가 읽을 만한 책이 아니야, 아기 때 읽던 책은 이제 버리자. 그런 말들을 조금 더 참아줄 수 있는 부모가 되었으면 좋겠다.

아이들의 이야기 뿌리는 아직도 더 깊이 더 멀리 뻗어나갈 필요가 있다.

감정을 흔드는 건,
진짜야

어른들과 그림책 읽는 모임을 하면서 영유아 키우는 엄마들을 많이 만났다. 아이에게 그림책을 읽어주다 그림책에 눈 뜬 이들이 많았다. 꼭 그렇지 않더라도, 아이에게서 벗어나 자신만의 시간을 잠깐 내보려 애쓰는 엄마들이 대부분이었다. 나도 어린아이를 키우는 엄마다 보니, 아이들과 읽었을 때 재미있었던 그림책을 자연스레 소개하곤 했다. 우리 아이들이 사랑하는 책을 다른 아이들도 사랑한다는 보장은 없다. 그래도 워낙 많은 그림책이 시중에 쏟아져 나오는 상황에서, 약간의 도움이라도 주고 싶었다.

우연한 기회에 유치원 학부모 대상으로 그림책 교육을 시작하게 되었다. '부모와 아이가 함께 행복한 그림책 시간'이라는 제목을 붙인, 그림책을 함께 읽는 경험이 미치는 긍정적 효과를 전하는 자리였다. 그림책은 어떤 장르인지, 요즘 아이들에게 특히 그림책이 왜 필요한지, 어떤 그림책을 골라 어떻게 읽어주면 좋은지 등에 대한 생각을 함께 나누었다

강의를 준비하며 아이들과 즐겁게 읽었던 그림책들을 다시 읽고, 그림책 이론서도 다시 한 번 찬찬히 살폈다. 아이와 그림책 함께 읽기가 참 좋은 경험이란 걸 전하고 싶어, 설명보다도 그림책을 많이 읽어주었다. 늘 그림책을 읽어주던 부모들이 이제는 듣는 자리에 앉아 대여섯 살 아이처럼 천진하게 웃었다. 그런 웃음을 나누는 것만으로도 충분히 의미 있는 시간이 된다.

강의를 준비하며 가장 어려웠던 것은 아무래도 '좋은 그

림책'의 기준을 만드는 과정이었다. 그림책 연구자도 아동학 전공자도 아닌 내가 기댈 것은, 경험과 책뿐이었다. 문학과 그림을 오래 사랑해온 눈, 아이들에게 책을 읽어주던 경험, 그림책 읽어주는 엄마 회원들과 함께한 독서클럽 생활, 학부모들과의 만남, 그림책 이론서 읽기의 경험이 나의 밑천이었다. 흩어진 경험들을 직관으로 꿰어내는 작업이 고되고 두려웠지만, 현장에서 그림책을 소개하고 반응이 좋으면 그것만큼 뿌듯한 일도 없었다.

두 돌 전후하여 첫째는 앤서니 브라운의 그림책을 무척 좋아했다. 특히 『우리는 친구』, 『기분을 말해 봐!』, 『터널』, 『숲 속으로』를 즐겨 읽었다. 내가 처음 그림책을 모을 무렵 앤서니 브라운을 좋아해 많이 사두었던 덕이었다. 그중 몇몇 책은 두 돌 아이에게 좀 어렵다 싶기도 한데, 아이는 거부하지 않고 기꺼이 이야기 속으로 빠져 들어갔다.

이중 『숲 속으로』는 옛이야기 '빨간 모자'를 패러디한 작품이다. 한밤중 엄마와 부부 싸움을 하다가 집을 나간 아빠, 그리고 아빠를 기다리는 아들이 등장한다. 다음 날 아침, 엄마는 아들에게 할머니 집에 먹을 것을 전하는 심부름을 시킨다. 소년은 아빠가 혹시라도 집에 돌아와 있을까 봐, 빨리 돌아오고 픈 마음에 엄마가 가지 말라던 지름길로 들어선다. 무채색의 숲 속에서 잭(잭과 콩나무), 골디락스(곰 세 마리), 헨젤과 그레텔 등 옛이야기의 주인공들을 만나지만, 소년은 다른 길로 새거나 자기 임무를 잊지 않고 계속 걸어간다. 춥다고 느끼자마자 마법처럼 빨간 외투가 나타나고, 외투를 입은 소년은 쫓기는 느낌이 들어 헐레벌떡 뛰어간다. 할머니 집에 도착했을 때, 집 안에서는 목이 쉰 듯한 이상한 소리가 들려온다. 소년은 조심스레 문을 여는데…….

『숲 속으로』는 나도 참 좋아하는 책이다. 원래 아는 옛이야기를 재발견하는 재미, 그림 속 그림 찾기의 즐거움이 가득하다. 그러나 내게 이 책은 다른 무엇보다도, 두 돌 무렵 이 책을 읽던 첫째 아이의 표정으로 남아 있다. 빨간 외투를 입고 쫓기듯 달려가는 소년, 이상한 목소리에 흠칫 놀라는 소년, 삐걱 문을 여는 소년, 그리고 문 뒤에 있는 알 수 없는 누군가……. 장면 장면이 넘어갈 때마다 손에 땀을 쥐고 미국 드라마나 공포영화를 보는 어른들처럼 첫째의 표정이 시시각각 변했다. 소년이 어두운 숲을 뛰어갈 때부터 긴장감이 서서히 고조되어, 마침내 문을 밀어젖힐 때는 꼼짝도 하지 않고 그림을 바라보았다. 책장을 넘기면 거기에는! 무서운 늑대가 아니라 다정한 할머니가 침대에 누워 소년을 맞이한다. 한껏 올라가 있던 첫째의 어깨가 한 번에 훅 내려온다.

그때 뒤쪽에서 무슨 소리가 또 들려온다. 이번에야말로 늑대인가? 첫째의 양 어깨에 다시 한 번 잔뜩 힘이 들어간다. 그리고 책장을 넘겼을 때, 두 팔을 들며 아들을 환영해주는 아빠의 모습……. 첫째는 어깨 힘을 쑥 빼며 활짝 웃어 보인다. 동그랗고 맑은 얼굴에 떠오르던 환한 미소를, 세상은 아직 괜찮은 곳이라며 안도하는 그 무해한 웃음을 나는 살면서 절대로

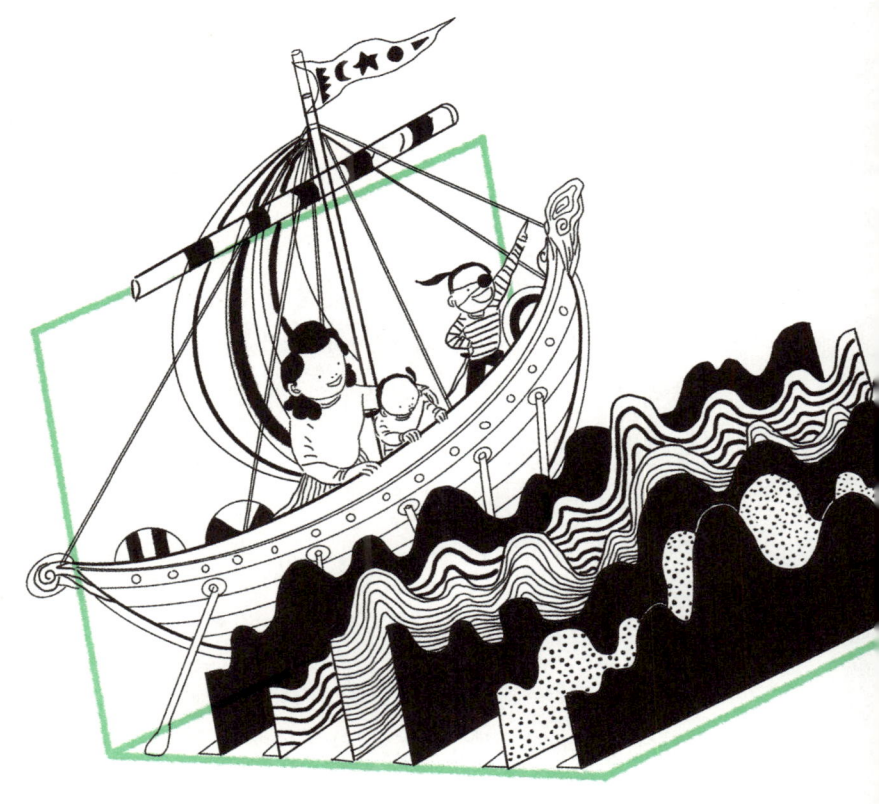

잊지 못할 것이다.

어린아이들일수록 솔직하다. 좋은 그림책에는 앞뒤 재지 않고 흠뻑 빠져들고, 조금만 재미없다 싶으면 가차 없이 책을 덮어버린다. 재미있다는 것은 단순히 깔깔깔 배꼽 잡게 웃긴다는 말이 아니다. 무엇보다 아이의 진실한 감정을 건드린다는 것이다. 그림책이 재미있으면 아이는 누가 말릴 새도 없이 거침없이 책 속으로 걸어 들어가, 같이 웃고 두려워하고 즐거워하고 슬퍼한다. 그래서 아이가 주인공의 감정선을 따라가며 더불어 느낄 수 있다면, 분명 좋은 책이리라 생각한다. 그만큼 책의 내용이 자연스럽고 꾸밈이 없다는 의미이기 때문이다.

기쁨, 두려움, 슬픔, 즐거움, 화, 질투 등 원초적인 감정이 아이의 마음속 방문을 두드릴 때, 아이들은 표정과 소리와 몸짓으로 솔직하게 감정을 표현한다. 적당히 귀여운 책, 적당히 화해하는 책, 어른의 시각으로 아이의 감정을 상상해낸 책 앞에서 아이들은 문을 열지 않는다. 휙, 책을 덮어버리고 다른 책으로 금세 관심을 옮겨버린다.

온몸으로 느끼는 그림책의 감정

둘째에게도 마음의 방문을 힘껏 두드려대던 그림책이 있었다. 하야시 아키코의 『달님, 안녕』이었다. 18개월 된 둘째가 서점에서 한 번 보더니, 놓을 생각을 하지 않았다. 영아를 위한 보드북(표지와 본문을 두꺼운 종이로 만들어서 아기가 종이에 다칠 염려가 없고 책장을 넘기기도 편하다)으로도 나온 만큼 그림과 서

사는 무척 간단한 책이다. 등장하는 것도 집, 고양이, 달, 구름, 엄마와 아이뿐이고, 색깔도 대부분 밝은 노랑과 짙은 남색이 대조를 이룬다.

당시 둘째는 그림책을 읽을 때 처음부터 끝까지 읽기보다는 좋아하는 장면만 집중해서 보는 경향이 강했다. 그런데 이 책만은 한 장면 한 장면 뜯어보다시피 하며 즐겼다. 구름 아저씨가 나와 달님을 가리면 얼굴을 찡그리고, 달님이 다시 나오면 환하게 웃으면서 말이다. 아직 말이 서툴던 때라 "어어! 어어!", 이런 외마디 소리뿐이었지만, '어어'에 실린 뉘앙스와 아이의 표정을 보면 지금 어느 장면인지 안 보고도 알 수 있었다.

책장을 넘기면서 둘째는 달님이 되었다가, 달님을 바라보는 고양이가 되었다가, 달님이 나왔다고 좋아하는 그림책 속 아이가 되었다. 순간 책에 나오는 이야기는 이미 상상이 아니다. 무엇보다 살아 움직이는 현실이 된다. 한낮의 거실을 순식간에 깊은 숲 속 혹은 한밤의 보름달이 비치는 공간으로 변신시킬 수 있는 힘. 그 힘을 갖춘 그림책만큼 좋은 그림책이 또 있을까.

그래서 어떤 그림책이 좋은 그림책이냐고 묻는다면, 여전히 서툴게 답을 구하고 있는 처지이긴 해도 이렇게 대답해주고 싶다. 책을 읽는 아이의 표정을 잘 들여다보라고. 그림책 주인공의 감정을 아이가 온몸으로 느끼고 있는지 살펴보라고. 아직 세밀하게 분화되지 않아 단순해 보이지만, 아이들도 어른들과 마찬가지로 다양한 감정을 느낀다. 첫째가 『숲 속으로』에서 낯선 곳이 자아내는 두려움과 공포를 읽어내고, 둘째가 『달님, 안녕』을 읽으며 좋아하는 대상이 사라질 때의 안타까움을 겪어내듯이.

두려움과 공포와 안타까움을 모두 이겨내는 마지막 순간, 주인공들은 마침내 사랑하는 대상과 다시 만난다. 사랑하는 마음 하나로 어떤 담도 벽도 허물 수 있는 세계, 이런 세계를 지켜보며 짓는 아이의 웃음은 잘 여문 작고 단단한 호두 같다. 가만히 바라보며 생각한다. 동그란 호두 같은 너희의 웃음을 오래 지켜주고 싶다고. 그러니 너희만큼 느낌과 사랑이 넘치는 그림책들이 오래도록 숨 쉬게 해달라고. 감정을 흔드는 건 진짜 진짜, 진짜니까!

둘은 달라도 **너무 달라!**

유전자의 조합은 그야말로 우주의 신비, 우연의 마법이다. 분명 같은 아빠와 엄마의 유전자를 물려받았는데, 무엇이 어떻게 조합되었느냐에 따라 완전히 다른 아이가 나온다. 남동생이 있는 누나인 나는 딸 둘을 낳고 '자매는 남매보다는 비슷한 구석이 많겠지'라고 생각했다. 둘째가 돌이 지나고 본색을 드러내기 시작하면서부터, 그게 얼마나 큰 착각이었는지를 알아차리고 허탈하게 웃었다. 성별이 문제가 아니었구먼.

두 아이 모두 한글을 읽지 못할 때, 책을 읽어주면서 예상치 못한 문제가 생겼다. 몇 달 동안 교육한 끝에 한 권씩 번갈아 골라 와 읽기는 간신히 규칙으로 자리를 잡았다. 문제는 두 아이가 책을 즐기는 방식이 완전히 달랐다는 것이다. 첫째는 책을 조용히 본다. 웃거나 얼굴을 찡그리는 정도로 감정을 드러내긴 하지만, 말로 수다스럽게 표현하는 편은 아니다. 말하기보다는 듣기를 선호하는 아이다.

반면 둘째는 엄마가 책을 읽어주는 내내 입이 쉬지 않는다. 궁금한 걸 물어보고, 글과 그림이 일치하는지 꼼꼼히 확인하려 든다. 주인공은 어떤 생각을 하는지, 자기는 어떤 느낌이 들었는지를 종알종알 늘어놓는다. 듣는 엄마 입장에서는 둘째의 말들이 무척 귀엽고 재미있다. 얘는 어쩜 책 한 권을 봐도 이렇게 이야기가 끊이지 않을까.

둘째가 외동이었다면, 끝없이 상상의 나래를 펼치며 나 역시 흔쾌히 20분이고 30분이고 책 한 권을 붙잡고 함께 읽었을 것이다. 하지만 그랬다가는 첫째 입이 불퉁 나온다. 첫째는 궁금한 점이 있거나 좋아하는 장면이 있어도, 어지간해서는 입을 열지 않고 일단 끝까지 듣는다. 그런데 동생이 쉬지 않고 떠들며 장면마다 멈추게 하니 첫째로서는 늘 독서가 방해받는 느낌을 받았을 것이다.

그렇다고 둘째더러 아예 말을 하지 말라고 할 수도 없었다. 그림책 읽는 시간의 본질은 부모가 일방적으로 이야기를 들려주는 것이 아니라 아이와 대화를 나누는 데에 있다. 부모가 읽어주는 이야기에 아이들은 자신의 이야기 세계를 덧붙이고 이를 자연스레 부모와 나눈다. 평소라면 나오지 않을 솔직한 목소리가 밖으로 나온다. 나도 이거 때문에 속상한 적 있었는데, 엄마가 예전에 이런 말 했었잖아, 어린이집에서 꼭 이렇게 하는 친구가 있어. 단 한 권이라도 아이와 충분히 대화하며 읽을 수 있다면, 그것은 충분한 독서를 넘어 완전한 독서가 된다.

두 아이가 그림책을 다루는 방식은 여러모로 달랐다. 첫째는 생각이 정리되지 않으면 입 밖에 내지 않는 아이답게, 그림책의 그림만 보며 이야기를 지어낸 적이 별로 없었다. 한글을 모르던 때에도 자주 들은 책을 '외워서' 읽었다. 또 『바바파파』처럼 자기가 좋아하는 책을 질리도록 반복하여 보았다. 일단 한번 펼친 책은 재미가 있건 없건 끝까지 이야기를 다 들었다. 좋아하는 장면만 보거나, 싫어하는 장면을 건너뛰는 경우는 드물었다.

반면 무엇이든 거르지 않고 솔직하게 말을 내뱉던 둘째는,

그림을 휙휙 넘기면서 이야기 지어내기 선수였다.

"그리고 빠나나도 먹을 쭈 이쪄요. 먹뽀예요. 그리고 나는 코끼이예요. 코끼이를 좋아하는 마녀예요."

일관된 서사나 아름다운 묘사는 제쳐두고 계속 변신만 하는 어처구니없는 이야기지만, 둘째는 떠오르는 생각을 쉬지 않고 말로 표현하는 재주가 있었다. 나와도 첫째와도 너무나 다른 아이의 말에 웃음이 터져, 하루 종일이라도 들을 수 있을 것 같았다. 무엇을 보든 거침없이 말할 수 있는 둘째의 자유로운 성향이 고스란히 드러났다. 또 두 돌이 채 되기 전의 둘째는 집착하는 책은 첫째보다 적었지만, 어떤 책이든 좋아하는 장면이 나오면 무한 반복하여 보았다. 한 장면만 스무 번 가까이 본 적도 많았다. 마치 그림책이 오직 그 장면만을 보여주기 위해 존재하는 것처럼.

다르다는 걸 조금씩 받아들이기까지

책 읽어주는 몇십 분 동안 행복하기만 하면 얼마나 좋을까. 그러나 두 아이의 성격이 퍽 달라서 읽을 때마다 둘 다 만족시키기가 쉽지 않았다. 말하고 싶은 둘째를 완전히 막을 수도 없고 그렇다고 첫째더러 무작정 기다려달라고 할 수도 없는 노릇이었다. 아이들은 종종 투닥거리고 투덜대고 징징거렸다. 한 아이는 원기둥 모양, 다른 한 아이는 별기둥 모양. 둘을 꼭 맞추기란 애초부터 불가능한 숙제였다.

중간에 낀 내가 연결고리 역할을 해야 한다. 한쪽에 있는 동그란 구멍, 다른 쪽에 있는 별 모양 구멍을 내가 나서서 맞춰 주고 이어주는 연습을 한다. 우리만의 책읽기 원칙을 만들어 가는 것이다. 둘째의 질문을 막지는 않기, 한 장에서 둘째가 질문을 하거나 감상을 말하는 시간이 1분을 넘어가면 일단 다음 장으로 넘어가기, 첫째에게는 그림을 찬찬히 보면서 조금씩 기다려달라고 말하기.

어린아이들 갈등이 단번에 해소될 수는 없다. 아이가 둘인 이상 완전한 평화를 기대하는 것도 무리다. 윽박질러 얻은 손쉬운 평화는, 그림책을 즐기는 시간에 어울리지 않는다. 매번 줄다리기하며 둘 사이를 조율하기가 쉽지는 않았지만, 그게 내가 부모로서 해내야 할 몫이라고 생각했다. 첫째가 여덟 살 무렵 읽기 독립을 하면서 자연스레 이 갈등은 없어졌다.

그림책 『다다다 다른 별 학교』에서는 한 교실에 앉아 있는 학생 열세 명이 각자 자신이 살다 온 별을 소개한다. 아이들이 다 다른 이유는 모두 다른 별에서 왔기 때문이다. 작아도 별, 두근두근 별, 생각대로 별, 뒤죽박죽 별……. 우리 집 아이들에게 물어보니 첫째는 자신이 '잘 웃어 별'에서 왔다고 하고, 둘째는 '쫑알쫑알 별'에서 왔단다. 딱 맞는 말이라 다 같이 웃음이 터졌다. 둘째는 항상 쫑알거리며 언니에게 장난을 걸고, 웃음이 많은 첫째는 둘째의 말에 매번 깔깔깔 웃고 마니까.

그림책 마지막에 이르러 학생들이 선생님은 어디서 오셨냐고 묻는다. 선생님은 "너희들의 모든 걸 알고 있는 다 알지 별에서" 왔다고 대꾸하며 웃는다. 엄청나게 커다란 귀, 교실

뒤까지 쉽게 닿는 네 개의 팔, 머리 위로 올라온 뾰족 더듬이로도 모자라 무려 다섯 개의 눈이 달린 선생님은 다알지 별에서 온 사람인 만큼 아이들이 원하는 것을 척척 내어주고 마음을 알아준다.

나도 이 별에서 왔다면 얼마나 좋을까. 아이들이 다 다른 존재임을 이해하고 맞춤 육아를 해줄 수 있는 유연하고 현명한 엄마라면. 하지만 나도 '우당탕탕 초짜 엄마 별'에서 날아온 지 얼마 안 되어 두 아이의 다름을 인정하는 데만도 시간이 한참 걸렸다.

특히 나와는 결이 많이 다른 둘째를 낳고 키우면서야, '노력 여하에 따라 육아를 수월하게 할 수 있다'고 생각하던 내가 얼마나 오만했는지를 뼈저리게 느꼈다. 팔랑팔랑 날아다니는 아이의 발걸음, 호불호가 분명한 사고, 양극을 오르내리는 감정의 흐름들이 너무나 사랑스러우면서도 버거웠다. 나와 이렇게까지 다른 아이가 세상에 나오는 건 내 선택지에 없던 답이었다.

아이들을 키우면서 나는 비로소 세상 사람들이 각자 얼마나 고유한가에 대하여 진지하게 고민하게 되었다. 다 이해할 수는 없지만, 있는 그대로 받아들인다는 게 무엇인지 조금씩 알아갔다. 그래, 양육은 한 사람을 키워내는 과정이지만, 또한 한 사람이 나와 얼마나 다를 수 있는가를 지속적으로 확인하는 작업이구나. 결국 나를 키워내는 작업이구나.

서로 다른 아이들과 엄마가 함께 책을 읽을 때에는 분명 인내심이 필요하다. 하지만 아이들은 서로에게 긍정적인 자극을 주었으리라 믿는다. 첫째는 자유로운 표현을, 둘째는 참고 듣는 인내심을 배워가는 시간이었다. 자매는 너무 달라서 오히려 서로에게 작은 스승이 된다. 달라서 싸우고 달라서 재미있는, 그래서 적응하고 대화하고 타협해야 하는 사이. 중재자가 있으니 좀 더 안전하게 그런 방법을 배워갈 수 있는 사이.

이제는 따로 책 읽는 시간이 많아져, 책읽기 시간에 빚어지던 갈등은 사라졌다. 그래도 비슷한 다툼이 끊이질 않는다. 인형 놀이 하다 역할이 마음에 안 든다고 투닥대고, 공놀이하다 제대로 안 준다고 다투고, 만들기 하다 가위 하나 두고 싸우고…… 지금까지야 부모가 서로 다른 모양의 기둥의 요철을 맞춰주는 역할을 해왔지만, 언제까지고 그럴 수는 없다. 서로 이어졌던 행복한 기억을 품고, 아이들은 엄마 없이도 서로 맞춰나가는 둘만의 방법을 스스로 찾아나가야 한다.

서로가 달라서 괴롭기도 하겠지만, 상대를 통해 자신의 세계를 넓히고 더욱 사랑해주는 너희가 되기를 바라. 그게 뜨겁게 지지고 볶으면서도 5분 만에 화해하고 같이 놀 수 있는, 친구나 사촌과는 다른 자매의 특권일 테니까.

이렇게 나를 다독거려보아도, 매일 아침 거실에서 또 별것 아닌 일로 투닥거리는 아이들 소리가 들려오면 나도 모르게 한숨부터 흘러나온다. 단전에서부터 끓어오르는 화를 누르며 방문을 열어젖힌다. 아무리 산다는 게 다름을 견디는 거라지만, 둘은 달라도 너무 달라!

내게도 애착 이불이 있었지

첫째가 기어 다닐 무렵 친정엄마가 아이 이불을 사다 주셨다. 얇고 부드러운 데다 크기도 적당한, 하얀 바탕에 초록 파랑 빨강의 페이즐리 무늬가 수놓인 여름 홑이불이었다. 날이 더워지면서부터 덮기 시작한 이불은 아이의 또 다른 피부가 되었다. 이불이 없으면 불안증이라도 올라오는지 외출할 때 챙기는 물건 1순위이기도 했다. 두세 살 무렵 첫째 사진을 보면, 이불이 항상 손에 들려 있거나 어깨에 걸쳐져 있다. 사진을 예쁘게 찍어주고 싶은 마음에 이불을 내려놓으라고 구슬려봐도 소용이 없었다.

안팎을 가리지 않고 끌고 다니니, 그사이 얼마나 때가 타고 가장자리가 나달거리고 몇 번이나 찢어졌는지 모른다. 친정엄마가 솜씨 좋게 꿰매어줄 때마다 이불은 조금씩 크기가 줄어들었다. 그래도 아이는 좋다고 이불에 볼을 비볐다. 더 예쁜 새 이불을 사줄게, 꾀어도 들은 척도 하지 않았다. 커갈수록 주변에서 희한하다는 시선으로 바라보거나 아직도 이걸 들고 다니냐며 웃는 이들이 늘어나니, 이불을 못 들고 다니게도 해보았다. 하지만 매번 아이의 울음에 지고 말았다. 그래, 안전을 해치거나 남에게 피해 주는 일도 아닌데 굳이 막을 필요까지 있겠어. 초등학교 입학할 때까지 저걸 들고 다니겠어. 설마, 설마······.

어디서 많이 보고 들은 이야기 같다고? 맞다, 이런 애착 이불 혹은 애착 물건 에피소드를 다루는 그림책이 제법 많다. 『내 친구 보푸리』, 『내 토끼 어딨어?』 등등. 그만큼 동서양을 가리지 않고 아이들이 보편적으로 겪는 일이란 뜻일 것이다. 특히 첫째가 다섯 살 무렵 가장 사랑했던 작가 중 하나인 케빈 행크스의 작품에도 애착 이불 에피소드를 다룬 책이 있다. 『내 사랑 뿌뿌』를 반복하여 읽은 덕에, 나도 첫째의 유별난 이불 사랑을 조금 더 이해할 수 있었다.

아기 쥐 오웬은 담요 뿌뿌를 너무나 사랑하여 손에서 놓을 생각이 없다. 걱정이 된 오웬의 부모와 옆집 족집게 아주머니는 합심하여 '학교 가기 전 담요 떼기 대작전'을 시작한다. 뿌뿌에 식초를 묻히고, 뿌뿌를 내어놓으면 선물을 주겠다고 꼬드겨보지만 번번이 실패로 돌아가고 만다. 결국 엄마는 뿌뿌가 주는 안정감을 인정하고, 뿌뿌를 여러 개의 작은 손수건으로 만들어준다. 오웬은 어디든지 뿌뿌를 들고 다닐 수 있어 안심한다.

이불에 집착하는 첫째가 도통 이해되지 않았지만, 곰곰이 생각해보니 나도 그런 경험이 있었다. 이 책을 읽으면서 비로소 이불에 얽힌 유년의 기억이 어렴풋이 떠올랐다. 첫째만큼은 아니지만 나도 무척이나 좋아했던 이불이 있었다. 분홍과 하양의 체크무늬 순면 이불로, 도톰하지만 살에 들러붙지 않는 시원한 옷감으로 만들어졌다. 누워만 있어도 땀이 삐질삐질 흐르던 여름밤, 그나마 잠들 수 있도록 도와준 것이 이 분홍 이불이었다. 역할 놀이를 할 때는 공주님 드레스로 변신하고, 인형들을 모두 태우는 요술 양탄자가 되어주기도 했다.

물건을 곱게 간수하는 엄마 덕에 분홍 이불은 친정 장롱 안에서 오래도록 살아남았다. 스물여덟이 되어 결혼 준비를 할 때까지, 이불은 매번 내 여름밤을 지켜주었다. 신혼살림을 곱고 예쁜 걸로만 챙겨주려는 엄마에게, 나는 이 이불을 꼭 신혼집에 가져가겠다고 박박 우겼다. 이제는 찢어지고 작아져 덮는 이불 구실도 못하는데. 하지만 장롱 안에 잠들어 있는 조각 이불을 볼 때마다 마음이 몽글몽글해졌다. 나의 한여름과 숱한 밤과 꿈의 기억들이 실 한 올 한 올에 얽혀 격자무늬로 아로새겨진 것만 같았다.

장녀에다 친구들 중 아이도 빨리 낳은 편이라, 아이를 키우면서 마음 편히 물어볼 데가 없었다. 아이가 왜 이러는지, 이런 행동을 하는 아이의 마음은 어떤지……. 인터넷 검색을 해보니 비슷한 행동을 하는 아이들은 많았다. 하지만 이대로 그냥 두어도 되는 걸까 하는 불안감은 수그러들지 않았다. 나의 유년 시절이 어땠는지는 아득하여 바로 떠오르지도 않았다. 아니, 내게 어린 시절이 있었다는 사실 자체를 까맣게 잊고 있었다. 마치 어른으로 태어나 어른으로 자라온 것처럼, 아무렇지도 않게.

아이와 그림책을 읽기 시작하면서 유년으로 연결되는 길이 새로이 열렸다. 바람 빠져 바닥에 널브러져 있던 기억의 풍선들이 공기를 먹고 두둥실 떠올랐다. 그러자 손에서 이불을 놓지 않던 아이의 마음이 어떤 것인지 이해하는 게 아니라, 그걸 통째로 받아들이게 되었다. 살을 감싸던 보드라운 감촉과 고소한 냄새, 안정된 무게감 등이 온몸으로 밀려 들어왔다.

뾰족이 고개를 내밀고 있던 불안감이 그제야 조금씩 누그러졌다. 첫째 아이도, 오웬도, 나도 다 어린 시절을 충만히 누렸을 뿐이라고. 걱정할 거리가 아니라 아주 자연스러운 거라고. 그림책은 내게 아이의 마음을 열어 보여주는, 그래서 아이의 마음이 궁금할 때 언제든 들춰보고 물어볼 수 있는 엄마이자 언니이자 선생님이었다.

사랑에 사랑을 얹어 너의 밤을 지켜줄게

그토록 사랑받던 첫째의 이불은 어디로 갔을까? 바로 둘째의 침대로 옮겨졌다. 언니의 물건을 매번 탐내던 녀석은, 새 이불을 다 마다하고 오직 언니의 낡은 이불만 호시탐탐 노렸다. 결국 여덟 살이 된 첫째는 선심 쓰듯 다섯 살 둘째에게 이불을 물려주었다. 이불에 따로 이름을 지어준 적이 없던 첫째와 달리, 둘째는 이불에 '알록이'라는 이름을 지어주었다. 그리고 침대 머리맡에 알록이를 곱게 개어두고 함께 잠들었다.

그렇게 애지중지 달고 다니던 이불을 선뜻 둘째에게 내어주는 첫째의 마음도, 굳이 언니의 이불을 받아 고이 간직하는 둘째의 마음도 내게는 다 수수께끼였다. 낡아서 버리는 거라 하기에는 물려주는 첫째의 표정이 퍽 진지했다. 언니 물건을 무조건 뺏고 싶었다 하기엔 둘째의 이유도 명확했다. 이 이불이 제일 시원하고, 구멍 속에 인형들을 넣을 수 있어 좋단다. 쓰던 것을 물려주고 물려받으며 행복해하던 아이들의 마음을 이해하기는 쉽지 않았다. 그런 마음을 거리낌 없이 받아들이게 된 것도 반쯤은 그림책 덕분이었다.

　이세 히데코가 그림을 그린 『동생이 생긴 너에게』는 형이 될 준비를 하는 준이의 1인칭 시점으로 펼쳐진다. 형이 된다는 것은 대체 어떤 의미일까. 동생이 엄마 배 속에 있을 때는 어렴풋이 짐작만 할 뿐이다. 동생 윤이 태어나고, 자신에게만 쏟아지던 사랑이 나누어지는 것을 바라만 보아야 할 때 준이를 위로해주는 것은 코끼리 모양의 애착 인형 하늘이뿐이다. "모두들 나보다 윤이가 소중한 거야. 하늘아, 나 형아 하지 말까 봐"라고 속삭이던 준이의 마음은 얼마나 서글프고 두려웠을까. 마흔이 다 되어가는 지금도, 남동생에게 관심을 다 빼앗긴 듯했던 옛 시절을 떠올리면 단박에 심장이 시려오는걸.

　엄마를 빼앗긴 것도 서러운데 동생 윤이가 자꾸만 하늘이를 탐낸다. 슬퍼하는 준이에게 하늘이가 오래된 사진첩을 보여준다. 아, 하늘이는 준이의 외할아버지가 어릴 적 엄마에게 사준 인형이었다. 엄마의 어린 시절을, 이어 준이의 어린 시절을 행복하게 지켜준 하늘이. 사랑받고 이해받은 따뜻한 기억으로 사람은 훌쩍 성장한다. 준이는 이제 윤이에게 하늘이를 내어줄 준비가 되었다.

　아마 첫째가 몸에 두르고 다녔던 것은 이불이기 이전에 외할머니의 마음이었으리라. 회사에 가고 없는 엄마의 손 대신 몸에 두를 보드라움이었을 테고, 낯선 세상에 나갔을 때 자신을 가릴 커튼이었을 것이다. 어느새 초등학생이 된 아이는 이불 없이도 세상과 마주하고, 귀한 마음을 동생에게 내어줄 수 있게 되었다. 외할머니의 사랑에 언니의 사랑까지 얹은 이불을 곁에 둔 채, 둘째는 매일 밤 꿈나라로 향한다.

처음 이불을 물려받은 몇 달 동안은 어딜 가든 알록이를 챙겼지만, 시간이 지나면서 둘째의 침대에서 알록이가 조금씩 구석으로 밀려나기 시작했다. 귀엽고 예쁜 인형, 반짝이는 보물, 더 좋은 이불이 알록이 자리를 차지하게 된 것이다. 그러다 보면 언젠가는 침대 밖으로 떨어지는 날이 오겠지. 둘째에게도 더 이상 알록이가 큰 의미가 없는 날이 오겠지.

그날이 오면 알록이를 곱게 개어 장롱 한구석에 넣어두고 싶다. 물건 간수를 잘 못해 아이들 추억 담긴 물건들을 꽤나 잃어버렸지만, 이 이불만은 잃어버리고 싶지 않다. 너희의 어린 날을 지켜주던 보들보들 슈퍼맨이 여기 잠들어 있다고, 웃으며 말해줄 날을 기다리면서. 셋이 나란히 앉아 무릎을 알록이로 덮고, 엄마이자 언니이자 선생님이 되어준 두 권의 그림책을 조용히 읽어보고 싶다.

참, 이불에 대한 에피소드 하나를 더해야겠다. 이 글을 쓰는 동안 친정에서 분홍 이불을 하나 더 발견했다. 이렇게 크고 멀쩡한 이불이 남아 있었어? 나는 또다시 친정엄마를 졸라 깨끗한 분홍 이불을 집으로 가져왔다. 내 침대에서 새 이불을 발견한 둘째가 덮어보더니 이렇게 외쳤다.

"엄마! 이 이불 엄청 따뜻하고 엄청 시원해!"

짜식, 너마저 이 분홍 이불의 매력에 빠져들었구나. 나는 둘째에게 내가 이 분홍 이불을 언제부터 덮었는지, 얼마나 좋아했는지, 어떻게 가지고 놀았는지를 하나하나 들려주었다. 아이 눈동자가 반짝거리자 신이 나서 이야기를 이어나갔다. 아이 가슴에 둘러 드레스로 만들어주고 목에 둘러 망토도 만들어주었다. 뛰어가서 거울을 보고 오는 둘째의 두 볼이 발갛게 상기되어 있었다.

"엄마, 이거 나 주면 안 돼?"

"안 돼, 분홍이는 엄마 거야. 대신 이거보다 작은 분홍이 있으니까 그건 줄 수 있어."

"그래! 그거 줘."

신혼 때 가져온 작은 분홍 이불을 꺼내어 둘째에게 건넸다. 순면처럼 보드라운 아이 얼굴에 웃음이 번졌다. 아이는 알록이를 옆으로 조금 밀어놓고 그 자리에 분홍이를 곱게 개어 두었다. 엄마가 어릴 적 쓰다가 물려준 이불, 언니가 어릴 적 쓰다가 물려준 이불. 두 채의 이불이 여섯 살 아이의 세상을 포근히 덮어준다. 언젠가 이 이불 없이도 겁 없이 밤과 마주할 수 있을 그날까지.

밖에서 읽는 것도 특별해

예닐곱 살 때 첫째는 어린이집만 파하면 놀이터에서 살다시피 했다. 아파트 단지 안에 있는 어린이집을 다니다 보니, 4시쯤 놀이터에 가면 아는 친구들이 가득했다. 친구들의 언니 오빠 동생 가리지 않고 몰려다니며 매미도 잡고 피구도 하고 달리기 시합도 했다. 몸이 느리던 아이는 쉬지 않고 뛰어다니면서, 온몸의 감각을 이용해 세상과 자연과 사람과 관계를 맺는 법을 새롭게 배워갔다.

　당시 서너 살이던 둘째에게는 선택의 여지가 없었다. 언니가 놀이터에서 노니 자기도 놀이터에 있고는 싶은데, 아직 어려서 언니들 놀이에 끼기가 쉽지 않았다. 귀엽다며 끼워주는 언니들도 있었지만, 막상 놀다 보면 처지기 일쑤였다. 첫째도 친구들과 노는 데 정신이 팔려 동생을 챙겨줄 겨를이 없었다. 그러면 혼자 남겨진 둘째는 시무룩해져서 집에 가자고 칭얼거렸다. 들어갈 생각이 전혀 없는 첫째와 집에 가자고 보채는 둘째 사이에서 곤란했던 것이 하루 이틀이 아니다.

　어떻게 하면 둘째의 마음을 달래주면서 밖에 좀 더 있을 수 있을까 궁리하다가, 놀이터에 갈 때 그림책 서너 권을 꼭 들고 나갔다. 둘째가 집에 가자며 보채기 시작하면 "엄마가 책 읽어줄까?" 하며 그림책을 펼쳤다. 아이는 내가 들고 온 책 중에서 신중하게 순서를 고른 뒤 내 무릎에 폴짝 올라와 앉았다.

　집에서도 많이 읽어주지만, 밖에서 읽는 그림책은 또 느낌이 다르다. 날마다 달라지는 햇살, 기온, 바람, 향기, 우리가 앉는 자리에 따라 둘만의 공간이 새롭게 재구성되기 때문이다.

마치 세상이 우리 둘만을 위해 투명 막을 둘러준 것처럼.

둘째에게 책을 읽어주고 있으면 신기하게도 첫째가 어디선가 달려온다. 멀찍이 있다가도 아는 이야기가 나오면 후다닥 달려와 듣고 있는 모습이라니. 이야기를 접한 경험이 많은 아이들은 이야기에 늘 귀가 열려 있는 모양이다. 그렇게 첫째가 달려오면, 신기하게 아이 친구들도 우리 뒤에서 얼쩡거리다 결국에는 옹기종기 모여 귀를 기울였다. 즐거운 이야기의 힘은 놀라웠다. 놀이마저 멈추고 단숨에 몰입하게 만드는 힘!

본의 아니게 나는 동네 아이들에게 그림책 읽어주는 엄마가 되곤 했다. 집 밖에서 읽어준 책 중 아이들에게 가장 인기가 많았던 작품은 단연 백희나 작가의 그림책들이었다. 지극히 평범한 일상에 마법의 순간이 내어주는 숨길. 둘째가 워낙 좋아해서 자주 들고 나갔는데, 이런 책을 좋아하는 사람은 우리 아이들만이 아니었다. 『장수탕 선녀님』, 『알사탕』, 『이상한 엄마』는 언제 읽어도 다른 집 아이들이 주변에 모여들었다.

내게서 몇 번이나 『알사탕』 이야기를 듣고 갔던 한 아이는 어느 날 "엄마한테 이거 사달라고 했어요"라고 말했다. 이 일곱 살 어린이는 어떤 알사탕을 먹고 누구의 마음이 듣고 싶어졌을까. 좋은 책은 기쁨이 되어 사람들 사이를 타고 스스로 번져갈 줄 안다.

기억에 많이 남는 작품 중 『다음엔 너야』도 있다. 다섯 장난감들이 어두운 복도 의자에 앉아 있다. 고요하고 컴컴한 복도에서 문이 열리고 한 장난감이 나오면 다른 장난감이 방으로 들어가며 하나씩 사라지는 으스스한 분위기……. 복도에서 나 홀로 기다리고 있는데 나지막한 목소리가 울려 퍼진다.

"다음엔, 너야."

둘째에게 읽어주고 있으니 첫째가 달려오고, 첫째 친구들까지 달려와 결국 여섯 명을 나란히 벤치에 앉혀놓고 읽어주게 되었다. 한 명 한 명 눈을 마주치면서 낮은 목소리로 "다음엔 너야!"라고 할 때 아이들의 겁먹은 표정이 잊히지 않는다. 다 컸다 싶은 일곱 살짜리도 아이는 아이구나.

침을 꼴깍 삼키며 문을 열어보면 환한 방에서 기다리고 있는 것은, 다름 아닌 장난감 의사 선생님! 으스스한 분위기 때문에 그림을 제대로 관찰하지 못하는 경우가 많은데, 다시 책을 넘겨보면 고장난 장난감들이 고쳐져서 하나씩 방문을 나선다. 고조되던 긴장감이 일시에 해소되면서 쾌감을 느낀 아이들은 "으에~" 소리를 지르며 다시 놀이터로 달려갔다. 책이라는 울타리 속에서 안전하게 두려움을 해소하면서, 너희는 아주 조금 더 컸을까.

밖에서 책을 읽어 버릇 하다 보니, 아이들은 밖에 나갈 때도 책 들고 나가는 것을 이상하게 여기지 않는다. 장난감이나 인형을 챙기면서 책 한두 권 챙겨 가는 것이 기본이다. 음식점에서 음식 나오기 전까지, 놀이터에 친구가 없어 심심할 때, 투표장 밖에서 아빠 엄마를 기다려야 할 때, 아이들은 스스럼없이 책을 편다. 길바닥에서, 음식점 의자에서, 놀이터 벤치에서, 공원 한가운데에서. 책은 도서관에서 조용히 읽거나 학원 숙

제로 읽는 것만은 아니다. 어디서든 우리와 함께 시간을 보낼 수 있는 존재라는 것을, 아이들은 경험으로 알고 있다.

사실 세 모녀가 밖에 앉아 책을 읽으면 좀 별스럽다는 투의 눈길을 받기 일쑤다. 칭찬과 빈정거림의 가운데쯤에 있는 시선이다. 좀 유난스러워 보이려나 싶어 괜시리 마음이 쪼그라들기도 한다. 그렇지만 내가 밖에서도 책 읽으라고 강요한 건 아닌데, 즐거움이 누적되어 자연스레 하게 된 일들인데, 하고 소심하게 항변해본다. 눈치 보지 말고 세 사람만의 이야기 집을 잠시 잠깐 지어보는 것도 괜찮은데 말이지.

모두가 다 흘러가도, 우리는 세 개의 나란한 섬이 되어 이 자리를 지켜보는 거야. 우리가 몸담고 있는 이야기 호수가 마르지 않도록……. 우리는 아직 책의 아이들이니까.

공간을 바꿔내는 마법

밖에서 책을 읽으면 그림책 속 장면을 직접 감각하게 할 수 있다. 첫째와 집 근처 산책길에서 『돌멩이도 춤을 추어요』를 읽은 적 있다. 다정하게 붙어 있는 크고 작은 돌은 엄마와 아가 돌, 둥글게 놓인 돌은 손을 맞잡은 친구 돌……. 돌멩이의 생김새와 배치가 달라질 때마다 마치 돌멩이가 사람이라도 된 듯 우리의 마음을 투영해서 보게 된다. 마침 길 위에서 책을 읽었으니 직접 돌멩이를 주워 와 놀았다. 우리 가족 돌도 골라보고 특이한 돌멩이에 이름을 붙여보면서 이렇게 저렇게 돌을 움직이며 이야기를 지어 이었다. 그림책 안과 밖의 공간이 겹쳐지며 그림책은 진짜 나의 이야기가 된다.

여행지에 갈 때도 캐리어에 그림책 몇 권을 넣어둔다. 밖에 나가 신나게 놀고 먹고 피곤하면 방에서 뒹굴다 보니, 가져간 책을 다 보고 오는 경우는 드물다. 다섯 권을 들고 갔다가 한 권밖에 못 읽고 오는 경우가 많다. 그래도 챙겨 간다. 아이들 어릴 때는 내가 골라 갔지만, 이제는 별 말 안 해도 두 녀석이 알아서 챙긴다. 어디를 가나 책을 챙기는 습관이 들었다.

여행지에 가서는 한두 군데 서점에 들러보려 한다. 여행지에서 들르는 서점은, 잘 모르는 곳에서 오래된 일상을 재현하는 공간이자 휴식처가 되어준다. 왁자한 관광지의 동시다발적인 자극을 피해 잠시 쉬어갈 수 있는 곳. 동시에 지역 서점은 여행지의 분위기를 간직하여 묘한 흥분감을 전해준다. 제주도의 느릿한 속도에 푸근하게 녹아들던 그림책방 노란우산, 강릉의 거친 파도와 묘하게 어울리던 세련된 안목책방, 양평의 숲처럼 고요했던 산책하는고래, 이들 책방에서는 도심 서점과는 다르게 수수한 여유가 느껴진다.

여행지에서 산 그림책은 특별한 기억을 담고 있다. 책을 펼치면 구입한 시간과 공간의 기억이 한꺼번에 밀려온다. 매번 여행지와 관련된 책만 사는 것은 아니다. 우연히 발견한 보물을 건져 오기도 하고, 온라인 서점 장바구니에 담아뒀던 책이 눈에 띄면 반가워 데려오기도 한다. 그래도 여행지와 관련 있는 책이라면 더욱 기억에 남는다.

제주 이야기 시리즈 가운데 한 권인 『고래나라』는 제주도 그림책방 노란우산에서 사왔다. 제주 앞바다 남방큰돌고래를 보고 부부 작가가 지은 이 책은, 오래전부터 제주도가 품어온 신비를 환상적으로 풀어낸다. 책방에 오기 직전 푹 젖도록 놀다 온 아름다운 협재 바다의 물색, 바다에서 하늘로 이어지는 아득한 푸르름, 천장 낮은 책방 안에 가득한 그림책, 그림책에 대해 조곤조곤 설명해주는 주인장의 목소리, 책방 밖에서 함께 따 먹던 새콤한 블루베리까지, 『고래나라』를 서가에서 꺼내 책장을 열어보는 것만으로도 2017년 초여름의 제주도가 열린다.

집에서 가져온 책을 여행지 숙소에서 읽는 모습도 퍽 재미나다. 우리 집 아이들만의 여행 의식이 있다. 두 녀석은 숙소에 들어가면 바로 자기 짐을 풀어 정리한다. 작은 애착 이불을 가지런히 개어 협탁 서랍에 넣고, 들고 온 인형과 살림살이를 협탁에 줄 맞춰 올려둔다. 왜 이렇게 하느냐고 물으니 "그래야 마음이 편해"라는 대답이 돌아온다. 자기가 쓰던 사물로 공간을 점유해야 비로소 집 같고 안심이 되는 모양이다.

2017년 속초로 떠난 가족 여행에서, 잘 시간이 다 되었는데 일곱 살 첫째가 침대 이불을 반듯하게 정리하고 있었다.(집에서도 좀 그렇게 하지!)

"세연이 뭐해?"

"내가 좋아하는 거 하려고."

"좋아하는 게 뭔데?"

"폭신한 이불 속에서 간식 먹으면서 책 보는 거."

뜨끈한 방바닥에 배 깔고 엎드려 귤 까먹으며 만화책 보는 감성을 벌써 알아버린 걸까. 침대 속에 쏙 들어가 책을 읽는 아이의 옆모습이 마냥 귀엽다. 아이는 낯선 곳을 자신에게 익숙한 곳으로 만드는 마법 주문을 이미 발견한 셈이다.

　책은 익숙한 곳을 낯설게 만드는 힘을, 또 때로는 낯선 곳을 익숙하게 만드는 힘을 갖고 있다. 책을 즐거이 읽는 이들은 이 힘을 나만의 무기로 자유자재로 사용할 수 있다. 이걸로 요리를 뚝딱 해내진 못해도, 순간 이동을 할 수는 없어도, 살면서 꽤 유용하게 쓸 수 있는 마법 아이템이다.

웃음은 언제나
우리를 빛나게 하지

둘째가 아무 소리도 내지 않을 때는 한번 들여다봐야 한다. 왜냐고?(어른의 눈으로 봤을 때) 사부작사부작 사고치고 있을 확률이 높기 때문이다. 첫째와는 다르게 둘째는 아기 때부터 궁금한 건 일단 저질러본다. 물에 휴지가 얼마나 들어가는지 궁금하다고 계속 휴지를 풀어 물컵에 넣기도 했고, 물감 번지는 걸 본다고 물티슈를 죄 뽑아놓기도 했다. 들어가나 안 들어가나 본답시고 콧속에 단추를 넣었다가 안 빠져서 사색이 된 적도 있었다. 대부분 큰 사고는 아니고 귀여운 수준이지만, 이 호기심과 실행력이 도대체 어디서 왔을까 궁금해진 적이 많다.

온 집 안이 조용하던 주말의 어느 날, 갑자기 여섯 살 둘째가 킬킬킬킬 웃기 시작했다. 뚝 웃음을 그치고 조용해지더니 다시 키득키득. 아, 이건 반드시 사고를 치고 있다는 신호다. 곧바로 첫째가 합세해 큰 소리로 웃음을 터트린다. 대체 무슨 일인가 싶어 거실로 나가 보니 두 녀석이 배꼽을 잡고 뒹굴고 있었다.

둘째의 손에 들린 것은 천미진, 이지은 작가의 『변비책』이었다. 주인공 웅이는 텔레비전 앞에 앉아 만화만 보고 편식도 심해 변비에 걸리고 말았다. 웅이가 왜 변비에 걸렸는지, 어떻게 하면 변비에서 탈출할 수 있는지, 배, 코, 눈, 입 등 신체 부위들이 각자의 목소리로 이야기해주는 재미있는 책이다. 두 아이 모두 똥이나 방귀 소재라면 워낙 좋아할 나이라, 여러 번 읽어주고 함께 웃기도 했었다.

무엇 때문에 이렇게 커다란 웃음이 터졌을까. 둘째가 연필을 들고 그림책 사이사이 직접 글을 쓰거나 그림을 그려 넣고 있었다. 똥꼬가 나오는 부분에는 "똥꼬 더 힘을 줘 더 더"라고 써넣고, 강아지 엉덩이 아래에도 똥을 잔뜩 그려 넣었다. 똥이 들어찬 장에는 똥을 꽉꽉 채우며 "안 나가"라고 쓰고, 웅이 얼굴에 속눈썹을 그리고 볼터치까지 해 넣었다. 교과서 표지 위에 새롭게 그림을 그려 넣으며 키득거렸던, 어릴 적 우리처럼. 걸핏하면 웃는 첫째는 눈물까지 흘리며 데굴데굴 굴러다녔다.

평소 책을 깨끗이 보던 아이들이다. 둘째가 한때 엄마 도발하려고 두 눈 똑바로 쳐다보며 책을 찢던 시절이 있었지만, 책을 구기거나 낙서한 경우는 거의 없었다. 그런데 유아기 다 지나가고 이제 와서 이게 무슨 일이람. 책에 이런 짓을 하면 어떡하나 싶어 당혹스럽고, 계속 이러면 어쩌지 싶어 걱정되고, 절판되거나 비싼 책은 아니니 그나마 다행이다 싶고, 애써 세상에 책을 내놓은 작가님들께 미안하고. 그 짧은 순간 애를 혼내야 하나 같이 웃어주며 쿨하게 넘어가야 하나, 오만가지 생각이 다 들었다.

살펴보니 『변비책』에만 낙서를 해둔 게 아니었다. 두 작가가 함께 작업한 『텔레비전책』과 『감기책』에도 비슷한 낙서가 가득했다. 『텔레비전책』을 보니 은영이를 좋아하는 웅이 표정에 하트와 별표가 빼곡했다. 『감기책』에는 감기 걸린 웅이 얼굴을 콧물과 눈물 범벅으로 만들고 주삿바늘 자국까지 야무지게 그려 넣었다. 아이들의 생활과 정서를 반영한 친근한 글과 그림이 둘째의 창작욕을 동하게 한 모양이다.

그후 이 세 권의 그림책은 우리 집의 웃음 폭탄이 되었다. 첫째도 둘째도 책장 앞에서 서성이다 슬그머니 『변비책』을 꺼내어 키득거린다. 잠자리 들기 전 셋이 함께 읽는 날은 아이들 웃음보가 나에게까지 전염되어, 결국 다 같이 킬킬거리면서 간신히 책읽기를 마무리했다. 둘째의 장난에는 나도 첫째도 면역이 없다.

그래, 그런 날이 있다. 웃음이 전염되어 하루의 고단함과 시름이 다 녹아내리는 날. 일은 안 풀리고 날씨는 꿉꿉하고 몸까지 피곤해 힘들다는 소리가 절로 나오는 어느 하루, 잠자리에서 『김수한무 거북이와 두루미 삼천갑자 동박삭』을 읽어 주었다. 기운 빼기 싫어 다른 날보다 좀 작게 읽어주고 있는데, 한 장면에서 둘째가 키득거리기 시작했다. 수한무가 물에 빠져 모두가 놀라 뛰어갈 때, 강아지 한 마리가 쫓아가는 장면이다.

"멍~ 멍멍멍~ 멍멍멍멍멍멍."

둘째가 "김~ 수한무~ 거북이와 두루미~" 리듬에 맞춰 멍멍 짖었다. 순간 웃음을 참을 수가 없어 크하하하 큰 소리로 웃어버렸다. 몸에 꽉 차 있던 잿빛 기운이 푸스스 잔불 꺼지듯 사라졌다. 첫째까지 가세해서 멍멍거리는 통에, 셋이 하루치 웃음을 몰아서 웃었다.

재미있는 책은 아이들을 웃길 뿐 아니라 읽어주는 부모까지 행복하게 한다. 그렇게 마음 놓고 웃을 일이 어른의 세계에서 얼마나 되랴. 우리 집에서 유난히 사랑받았던 책들에는 다 유머가 있었다. 아이들은 즐거움을 본능적으로 알아채고 즐긴다. 그리고 어른들 안에도 허리를 꺾어가며 웃고 싶은 아이가 살고 있다.

엄마가 되어서 낙서한 아이를 혼내지는 못할망정 같이 웃어버리면, 아이가 책을 함부로 대하지 않을까 걱정도 들었다. 다행히 둘째의 만행은 세 권의 그림책으로 끝나고 말았다. 얼마나 재미있으면 여섯 살 아이가 책 속 그림에 덧붙여 자기도 그림을 그렸을까. 작가님, 재미있는 책 만들어주셔서 감사합니다. 아마 작가님들도 아이의 즐거운 마음을 충분히 이해하고, 이만한 낙서쯤은 너그러이 봐주시지 않을까 한다.

그래, 즐거우라고 읽는 거지. 그리고 덕분에 나까지 한바탕 크게 웃었으니까 얼마나 고마운 일이야. 즐거움은 그다음 즐거움을 낳는다. 비눗방울처럼 터지는 웃음 앞에서는 꾸짖을 말도 걱정하는 마음도 그만 녹아 사라지고 만다.

엄마에게도 아이의 마음이 필요해

그림책은 아이들에게 재미를 선사하기도 하지만, 읽어주는 사람을 재미난 사람으로 만들어주기도 한다. 나는 원래 매사에 진지하고 농담을 잘 못 하는 편이다. 적재적소에서 유머로 분위기를 풀어주는 사람, 재치 있고 맛깔나게 글을 써나가는 사람들이 부럽다. 그런데 아이들의 재기발랄함 앞에서는 나도 모르게 헤실헤실 풀어지고 만다. 그리고 아이의 마음으로 돌아갈 때 제일 많이 도와주는 것이 그림책이다.

　매일 지나다니는 아파트 단지 쪽문 옆에 네모난 벽돌이 하나 놓여 있다. 꽤 오랜 시간 같은 자리에 있던 벽돌이다. 무심코 벽돌 곁을 지나가던 어느 날 둘째가 물었다.

　"엄마, 저 벽돌은 저기 왜 놓여 있는 거야?"

　평소 같으면 "글쎄, 엄마도 잘 모르겠는데" 혹은 "누가 가져가다 너무 무거워서 두고 갔나?", 이렇게 이야기하고 말았을 것이다. 그런데 그날따라 그즈음 읽었던 그림책들이 떠오르면서 이야기 회로가 위잉 돌았다. 뻔뻔 모드를 얼굴에 장착하고 하나, 둘, 셋.

　"아, 저거 벽돌 아니야. 두꺼비야."

　"두꺼비? 저렇게 네모나고 큰 두꺼비가 어디 있어?"

　"너희『하늘을 나는 사자』봤지? 원래는 두꺼비인데 너무 피곤해서 자려고 돌 모양으로 변한 거야. 지금 100년째 자고 있어."

　"그럼 언제 깨?"

　"너희가 자주 들여다봐주면?"

　아홉 살 첫째에게는 씨알도 안 먹힐 이야기였다. 어처구니없다는 표정으로 쳐다보면서도, 능청 떠는 엄마가 웃겼던지 피식 웃으며 상상의 나래를 함께 펼쳐주었다. "그럼 쟤는 자면서 똥도 안 싸냐, 사실은 우리가 안 볼 때 몰래 움직이는 거 아니냐?" "사실은 똥 싸는데『강아지 똥』처럼 흙에 다 흡수된 거다, 너희가 안 볼 때 몰래 집에 가서 맛있는 거 먹고 온다." 시답잖은 이야기라도 끊임없이 이어가며 킬킬댈 수 있었던 건, 다 함께 읽고 공감했던 그림책의 상상력 덕분이다.

이후로도 아이들은 그 길을 지날 때마다 "엄마, 두꺼비 아직도 자!" 하며 우스개 버스에 올라탄다. 나도 "그러네, 잠꾸러기 두꺼비 씨 안녕~" 하며 아이들에게 화답해준다. 그림책은 나를 말랑말랑한 사람으로 만들어준다. 어른의 장벽이 흐물흐물 내려앉은 틈을 타 아이들의 상상력과 재치와 유머와 사랑스러움이 물길을 내어 밀고 들어온다.

엄마에게는 엄마의 마음과 아이의 마음이 다 있어야 한다. 경계를 일러주고 보호하기 위해 튼튼한 울타리를 칠 수 있는 엄마의 마음, 그러나 울타리 안에서는 자유롭고 즐겁게 뛰어놀 수 있도록 함께 달려가는 아이의 마음. 이 두 가지를 다 간직할 때 우리는 너무 부풀거나 쪼그라들지 않는, 건강한 엄마일 수 있다.

그러니 나이를 더 먹어도 그림책 앞에서 크게 웃을 수 있는 사람이 되고 싶다. 상상의 날개를 잃지 않는 사람이 되고 싶다. 내 안의 아이가 더 오래 웃을 수 있도록 지켜주고 싶다. 그림책에 기댄다면, 조금은 더 말랑말랑하고 능청스러운 사람이 될 수 있을 것만 같다.

흘려보낸 사랑이
되돌아 흘러올 때

둘째가 네 살 때 일이다. 어린이집을 옮긴 것도 아닌데, 3월이 되어 반이 달라졌다며 극심한 스트레스를 호소했다. 두 살에 어린이집 갈 때는 멋모르고 엄마한테서 잘만 떨어지더니 이번에는 달랐다. 친구들도 대부분 알고, 선생님도 알고, 교실도 작년에 쓰던 교실 바로 옆인데, 마치 처음 집 떠나는 아이처럼 어린이집에 안 가겠다며 극렬히 울고불며 버텼다.

　　아이의 반항이 심해지면서 걱정이 되어 여쭤보니, 선생님은 오히려 당황하시는 눈치였다. 어린이집에서는 아무 일도 없다는 듯이 방긋방긋 웃으며 잘 생활한다는 것이었다. 밖에서 눌러두었던 스트레스를 집에 와서 나에게만 풀어대는 모양이었다. 대체 왜 이렇게까지 가기 싫어하는 걸까. 아이가 울면서 소리치자 나는 할 말을 잃었다.

　　"거긴 엄마가 없잖아! 엄마가 없으면 춥단 말이야!"

　　어릴 적부터 온기에 민감했던 아이였다. 일찍 어린이집을 가서 그런지, 자기주장이 분명해서 그런지, 워낙에 스킨십을 좋아해서 그런지, 둘째는 언제나 엄마 껌딱지였다. 아기 때부터 내 배 위에 엎어져 잠들었고(첫째는 이런 적이 없다.) 두어 살 때부터는 내 엄지손톱을 만지작거리며 잠이 들었다. 매일 한 시간가량 만지작거리니, 손톱 아래 살이 다 일어난 적도 많았다. 끝없이 안아달라 하고, 잠드는 내내 등이나 어깨를 쓰다듬어달라 칭얼댔다. 일곱 살이 된 지금은 이전보다 스킨십 빈도가 많이 줄었지만, 여전히 아이는 뭘 하다 말고도 괜히 부모 품에 와서 한 번 안겼다 가기를 반복한다. 고속도로에서 주유소가 보일 때마다 기름 충전하고 가는 자동차처럼.

온기는 부모가 줄 수 있는 최초이자 최고의 사랑이다. 이 사랑에는 조건이 없다. 존재만으로 사랑받고 있음을 확인시켜 주는, 그래서 생생히 살아 있음을 느끼게 해주는 가장 빠른 방법이 여기 있다. 너를 안고 나를 만지며 우리는 존재와 존재 사이에 가로놓인 필연적 경계를 잠시 허문다.

하지만 매번 아이에게 온기를 나누어 주기란 쉽지 않다. 온기를 전할 때는 나에게 있던 열에너지가 상대에게 빠져나간다. 기력이 없는 날은 털끝 하나 스쳐도 힘들어, 아이를 꼭 품어주기도 벅차다. 게다가 어린 시절 충분히 온기를 느껴본 적이 없는 부모라면, 스킨십을 통해 온기를 나눠 주는 방법이 어색하게 느껴질 수도 있다.

일곱 살이 되어도 둘째는 거실에서 언니와 만화를 보다 말고 슬쩍 안방 문을 연다. 코로나 사태로 집에 갇혀 있다 보니, 아이들 만화 보는 시간에 그나마 밀린 일을 했다. 넋을 놓고 만화를 보는 첫째와 달리, 둘째는 만화가 조금만 재미없으면 엄마를 찾아와 책을 읽어달라고 졸랐다.

꼭 책이 읽고 싶은 건 아닐 터다. 그저 잠깐이라도 엄마 옆에 붙어 있고 싶은 마음을 이렇게 표현하는 거다. 책 읽어달라는 요구는 엄마가 거부한 적이 별로 없으니까. 아이가 그렇게 밀고 들어오면 거부할 재간이 없다.(아니, 거부하면 더 큰 눈덩이가 굴러오기 때문에 작은 눈덩이를 막는 편이 낫다.)

"그래, 대신 두 권만 골라 와. 그다음에는 엄마 다시 일할 시간 주는 거다?"

둘째는 쪼르르 거실로 나가 신중하게 두 권을 골라 온다. 베개를 세우고 침대에 나란히 앉아 이불을 가슴까지 끌어당긴 후, 아이의 어깨에 팔을 둘러 나에게 꼭 붙인다. 그러고 나서야 그림책을 펼쳐 든다. 언니에게도 방해받지 않는 오롯한 둘만의 시간. 그렇게 아이에게 꼭 15분을 내어준다. 더도 말고 덜도 말고 15분. 따뜻한 이불 속에서 충전된 아이는 배시시 웃으며 거실로 나간다. 그림책 함께 읽기는 아이에게 온기를 나누어 줄 수 있는 가장 밀도 높은 방법이다.

> 그림책은 어른과 아기의 마음이 교류하는 마당입니다. 그런 의미에서 엄마나 아빠가 아기를 무릎에 앉히고 그림책을 읽어주는 것은 대단히 좋은 방법입니다. 피부와 피부의 접촉이 있고, 언어와 언어의 연결이 있으며, 마음과 마음이 교류하는 확실한 모습이 있으니까요. 이럴 때 유아는 자기를 단단하게 지지해 주는 '그 사람'의 존재를 온몸으로 느낍니다.
> ─마쓰이 다다시, 『어린이와 그림책』

둘째가 아직 한글을 모르던 네댓 살 무렵, 구자선 작가의 『엄마, 있잖아』를 자주 읽어주었다. 아이를 품에 안고 혹은 도톰한 이불을 덮고 이 책을 읽어주면, 책에 가득한 사랑이 우리 둘을 한데 엮어주는 기분이 들었다. 손바닥만큼이나 작은 판형 때문에 아이의 손과 나의 손이 더 많이 포개져 그럴 수도 있겠다. 한 손에 폭 들어오는 오동통한 손을 만지작거리며 놓지 못했다.

　책 속 아기 해달은 엄마 해달에게 쉬지 않고 질문을 던진다. 엄마는 왜 나를 사랑하는지, 왜 항상 나와 같이 있는지, 왜 항상 작은 조개만 먹는지. 하지만 엄마의 대답은 글 속에 나오지 않는다. 그저 그림을 통해 독자가 짐작할 수 있을 뿐이다. 아기 해달을 바라보며 방긋 웃고 있는 엄마, 큰 조개를 아기에게 먼저 챙겨주는 엄마, 위험한 장소에는 못 가게 막아주는 엄마, 혀로 아기를 할짝거리고 있는 엄마.

　왜긴 왜겠어. 내 아이라는 이유만으로 사랑하는 거지. 사랑하기 때문에 항상 함께 있고 지켜주는 거지. 무엇이든 먼저 해주고 싶은 거지. 그처럼 단순한 이유를 아이들은 계속 되물으며 확인받고 싶어 한다. 엄마가 정말 나를 사랑하는지, 이런 상황에서도 나를 사랑하는지, 저런 일이 생겨도 나를 사랑하는지. 특히 둘째는 알면서도 묻고 또 묻는다. 앞에 우뚝 선 비교 대상, 언니가 있기 때문일까.

　부모의 입에서 '사랑한다'는 말을 직접 듣고 싶어 하는 아이, 무슨 일을 저질러도 결국에는 자신을 품어주길 바라는 아이의 반복되는 질문과 요구에 지치지 않는다면 거짓말이다. 다섯 번쯤 물어오면 대답보다 한숨이 먼저 나온다. 짜증을 꾹꾹 눌러놓고 후후 숨을 골라 한 번 더 꼭 안아본다. 사랑해, 엄마의 작은 아기.(그래도 세 번쯤에서 끝내주면 안 되겠니……)

　『엄마, 있잖아』는 대사가 짧고 아기 해달의 1인칭 시점으로 이야기가 펼쳐진다. 그래서 감정이입이 잘되는지, 어느 순간 둘째는 이 책을 전부 외웠다. 어느 날 다섯 살 아이가 작은 손으로 책을 펼쳐 들고 내게 읽어주기 시작했다. 정확히 말하면 외워서 들려준 것이다.

"나는…… 엄마랑 같이 있는 게 좋아. 나는 엄마를 사랑해."

이 순간만은 육아의 고단함도, 엄마로서 잘하고 있는지 몰라 떨치지 못하던 부담감도, 내가 자꾸만 흩어지는 듯한 불안감도 다 사라지는 것만 같았다. 책 속의 아기 해달이 내 아이로, 엄마 해달이 나로 바뀌어 있었다. 그림책을 통해 아이에게 흘려보낸 사랑이 다시 그림책을 통해 돌아오는 경험……. 오감이 예민해서 키울 때 좀 더 힘이 들었던 만큼, 둘째가 이렇게 적극적으로 사랑을 표현해줄 때는 마음이 두 배로 뭉클해진다.

"엄마, 사랑해."

"엄마도 정연이 사랑해."

"내가 더 사랑해."

"무슨 소리야, 엄마가 더 사랑하지."

"아니야, 내가 더 사랑해."

"네가 몰라서 그래. 엄마가 너를 낳았는데 당연히 엄마가 너를 더 사랑하지."

"아니야, 내가 하늘나라에서 엄마를 골랐잖아. 그러니까 내가 엄마를 더 사랑하는 거야."

『내가 엄마를 골랐어!』에 기대어 뻔뻔하게 사랑을 고백하는 둘째 앞에서 웃음이 터져버렸다. 일주일 치 영양제를 대체할 수 있을 것만 같은 힘찬 사랑. 아이가 부모의 사랑으로 세상에 나갈 힘을 기르듯, 부모도 아이의 사랑을 통해 세상을 견딜 힘을 얻는다.

너의 사랑이 나를 어떻게 일으켜 세우는지를 너는 아직 모르겠지. 너의 웃음, 옹알이, 걸음마 하나하나가 다, 부모가 힘들 때 딛고 일어선 디딤돌이었음을. 그림책 역시 내가 너에게 보내는 사랑이며, 동시에 네가 나에게 돌려준 사랑의 세계였음을.

사랑은 사랑으로 흘러가

사랑이 흘러가는 것이 가끔 강물처럼 눈에 보일 때가 있다. 남편이 장기 육아휴직을 마치고 복직한 지 한 달 반쯤 되었을 때, 우리는 둘 다 지쳐 있었다. 새벽같이 출근해 처음 해보는 업무를 배우고 일하느라 녹초가 되어 들어오는 남편. 긴 겨울방학 끝에 닥친 코로나로 아이들과 씨름하느라 혼자 누릴 시간이 거의 없는 나.

서로 힘들다는 것을 알기에 최대한 배려하려 애쓰지만, 저녁 8시쯤 되면 둘 다 그저 쉬고 싶은 마음뿐이었다. 네 가족이 함께하는 아름다운 저녁 풍경은 기대하기 어려웠다. 애들하고 좀 더 놀아줬으면, 네가 설거지 좀 해줬으면, 나 좀 쉬게 놔뒀으면, 하는 생각이 각자의 마음을 슬그머니 잠식했다.

그런 마음을 참고 참다 결국 터져버린 날, 남편과 다투고 부엌 한구석에 쭈그려 앉아 있었다. 누구와도 마주치거나 말을 하고 싶지 않은 순간, 엄마 기분보다 자기 욕망을 앞세우는 둘째는 아무 생각 없이 책을 들고 와 읽어달라고 칭얼댔다. 거절하거나 화를 낼 힘도 없어, 구부정한 등을 아예 동그랗게 말아버렸다.

그때였다. 고개 숙인 채 앉은 나를 슥 본 첫째가, "언니가 읽어줄게"라며 둘째를 데리고 방으로 들어갔다. 축 처진 내 어깨 너머로 이내 들려오는 낭랑한 첫째의 목소리, 그림 보며 언니에게 말을 걸고 키득거리는 둘째의 목소리.

그보다 위안이 되는 음악이 없었다. 내가 그렇게나 자주 읽어주었던 책을 이제는 동생에게 읽어주고 있다니. 나에게서 받은 사랑을 동생에게 흘려보내고, 그 사랑을 나에게 다시 보내주는구나. 그날 밤 첫째가 둘째에게 읽어준 그림책은, 사실 첫째가 나에게 들려주는 연가였다.

상상도 못하게 길어진 코로나의 시간, 첫째가 둘째에게 제법 책을 읽어줬다. 가끔 이벤트처럼 있던 일이지만 그것만으로도 충분했다. 둘째도 내가 읽어줄 때와는 또 다른 즐거움을 느끼는지 언니 곁에 찰싹 붙어 있었다. 가끔은 엉뚱한 소리를 늘어놓아 언니를 귀찮게 하고 또 가끔은 갑작스레 노래를 부르며 혼자만의 세계로 빠져들더라도. 사랑이 사랑으로 흘러가 둘을 엮어주는 모습 자체가 내게 큰 위안이었다.

첫째의 낭랑한 목소리와 둘째의 천진한 웃음을 영상으로

다시 만날 때, 그때 받았던 위안이 아직도 유효하다는 것에 감사한다. 꼭 책의 내용과 스킨십만이 사랑을 전해주는 것은 아니다. 책을 읽어주는 행위 자체가 벅찬 사랑으로 다가올 때가 있다. 그래서 오늘도 몇 권의 그림책을 함께 읽는다. 오늘의 작은 사랑이 내일의 더 큰 사랑으로 이어질 것을 소망하며.

아이가
아이의 마음을
간직하려면

아이들이 가장 아이답게 느껴질 때가 언제인가 생각해보면, 크리스마스가 아닌가 싶다. 우리 집 아이들이 1년 중 가장 좋아하는 날은 어린이날, 생일, 크리스마스이다. 아빠 엄마에게 선물받기로 정해진 날이니까!

이중 가장 큰 판타지는 크리스마스가 안겨준다. 한 달 전부터 선물 목록을 짜 산타 할아버지에게 편지를 쓰고, 편지가 잘 보이라고 유리창 밖에 붙여둔다. 함께 크리스마스트리를 꾸미고, 밤마다 신나는 캐롤을 틀어놓는다. 크리스마스 당일 저녁에는 함박 스테이크를 직접 만들고 구워 그럴듯한 한 상을 차린다. 푸른 줄무늬 식탁보를 깔고, 크리스마스 접시를 꺼내놓고, 꽃과 초와 아이들 그림으로 주변을 장식한다. 다들 화이트 크리스마스를 손꼽아 기다리지만 아직 그런 행운을 만난 적은 없다.

옆집과 짜고 아빠들이 산타로 분장하여 선물 배달을 가거나 온 적도 있다. 이제는 우리 아이들이 커버려 자칫하면 정체를 들킬 것 같아, 잠든 후 산타가 왔다 가는 것으로 이야기를 바꿨다. 설레는 마음으로 일어나 선물을 뜯기 시작할 때 행복은 정점에 달한다. 굴뚝도 없고 창문도 닫았고 비밀번호도 모르는데 산타가 어떻게 온 거냐며 신기해하는 아이들. 분홍색으로 물든 뺨이 어여뻐, 매년 나도 설레는 마음으로 선물을 골라 포장한다.

아이들이 여섯 살, 세 살일 때부터, 크리스마스이브가 되면 잠들기 전에 산타를 위해 간식을 준비하는 것이 하나의 의

례가 되었다. 다 레이먼드 브릭스의 그림책 『산타 할아버지』 덕분이다. 이 그림책의 주인공 산타는 행복을 전하는 부드럽고 자상한 할아버지 이미지와는 거리가 멀다. 우리와 똑같은 일상을 보내고 극성맞은 날씨에 진저리 치고 성에 안 차는 간식에 투덜대는 산타. 그저 평범한 핀란드 할아버지 같기만 한 모습이, 낯설면서도 친근하고 유쾌하다.

그림책에서 특히 아이들 눈에 띈 것은, 고생하는 산타 할아버지를 위해 집집마다 준비한 간식이었다. 서양 그림책에서 흔히 볼 수 있는 장면이다. 이 책에서 한 번 간식을 발견하자, 아이들은 즐겨 읽던 『메롱 크리스마스!』나 『산타 할아버지는 알고 계신대!』 등의 그림책 속에서도 산타를 위한 간식을 찾아내었다. 이 집의 간식은 무엇일까 추리도 해본다. '작년 크리스마스 때 아무 준비도 못 했는데 어쩌냐'며 발을 동동 구르던 아이들 앞에서 웃음을 참느라 혼났다.

『산타 할아버지』 속 산타는 집집마다 준비해놓은 간식 앞에서 다른 반응을 보인다. 우유는 기꺼이 마시지만 주스는 싫어하는 산타 할아버지의 최애 간식은 바로…… 술이다. 온몸을 뜨뜻하게 해주는 포도주 한 병! 전 세계 아이들에게 선물을 배달하다 말고 술 한 잔을 걸치는 산타 할아버지라니. 그림책에 이런 장면이 있어도 괜찮나, 음주운전 아닌가 싶어 걱정되지만, 추위를 달래려고 한잔하는 거라고 애써 합리화해본다. 이런 의외의 유머 코드 덕분인지, 이 책은 그림책을 거의 모르는 남편이 가장 좋아하는 책 중 한 권이기도 하다.

산타 할아버지가 제일 좋아하는 게 술이라고 생각한 아이들은 할아버지 드릴 간식에 술 한 잔을 꼭 포함한다. 맥주를 캔째 올려두기도 하고, 와인이나 위스키를 한 잔 따라두기도 한다. 귤이나 빵 같은 간식을 곁들이고, 루돌프를 위한 당근도 잊지 않는다.

"할아버지, 온 세상 아이들에게 선물을 나누어 주셔서 힘들겠어요. 이거 먹고 가세요. 당근은 루돌프 거예요."(여덟 살 첫째의 편지)

아침에 일어나 간식이 없어졌으면, 아이들은 산타가 진짜 왔다 갔다고 믿었다.(사실 위스키는 내가 홀랑 마셨고 당근은 한 입 베어 물어 이빨 자국을 남겼다는…….) 이후로도 크리스마스 때마다 아이들의 소소한 간식 준비는 계속되었다. 준비 없이 누웠다가 벌떡 일어나 냉장고를 뒤진 적도 있었다. 그런 마음이 귀여워 매번 간식을 사진으로 찍어두었다. 몇 살까지 저렇게 준비하며 설레는 마음으로 잠들까 싶어서.

조숙하고 눈치가 빠른 친구들은 이미 일곱 살에도 산타를 믿지 않았다. 첫째가 일곱 살 때, 친구들 중 한 명이 산타는 없다고 폭로했다. 선물은 아빠가 해주는 거란다. 그럴 리 없다며 일곱 살 아이들의 눈빛이 양쪽으로 흔들렸다. 그 자리에 있던 열 살 오빠 한 명이 "산타는 있어, 내가 밤에 봤어"라며 동생들 편을 들어준 덕에, 녀석들은 안심하고 산타의 존재를 계속 믿을 수 있었다. 그날 의젓한 열 살 오빠가 얼마나 고마웠는지 모른다.

다들 열 살이 된 지금은 몇 명이나 산타의 존재를 믿고 있을까. 실제로 믿는 아이, 존재를 의심하기 시작한 아이, 없는 것 같다고 생각하지만 믿는 척하는 아이, 없다고 단정 짓는 아이, 각양각색이겠지. 산타를 믿는 마음이 옅어지면서 아이는 어른의 마음에 한 발 더 가까워진다. 크리스마스의 낭만도 그렇게 사라지고, '선물받는 날'이라는 현실적인 기쁨만 남는다.

오직 기쁨으로만 가득한 순간

아이다운 마음은 내가 지켜주려고 애쓴다고 지켜지는 것도 아니고, 내가 벗겨내려고 애쓴다고 벗겨지는 것도 아닌 모양이다. 첫째가 여덟 살 때 어느 날 잠자리에 누워 물었다.

"엄마, 우리 어릴 때 잠들면 엄마는 안방으로 갔다가, 새벽에 우리가 부르면 다시 왔잖아. 왜 여기서 안 자고 왔다 갔다 했어?"

"너희가 하도 낑낑대고 뒹굴거리면서 자니까 그랬지. 엄마는 잠귀가 밝은데 너희 옆에서 자면 아예 잠을 잘 수가 없었거든. 서너 시간이라도 떨어져야 그나마 잘 수 있어서 그랬지. 엄마 되기가 쉬운 게 아니야~."

아이에게 설명해주다 보니 새벽녘 몇 번이고 아이들 방과 안방을 오가던 지난 시절이 떠올라 마음이 울컥했다. 생색 내듯 굳이 붙인 마지막 문장에, 대뜸 또 질문이 날아온다.

"힘든데 왜 아기를 낳았어?"

"예쁘니까. 힘들지만 너희가 있어서 좋은 거지. 세상에 좋기만 한 일은 없어. 좋은 일에는 나쁜 면도 있고, 나쁜 일에도 좋은 점이 있는 거야."

"장난감 사는 건 좋은 거잖아."

"…… 그렇지만 고장 나거나 잃어버리면 더 슬퍼지잖아."

"사탕 먹는 건 좋잖아."

"대신 이가 썩기 쉽지."

"그림 그리는 건 좋은데?"

"음…… 그림 그리기의 안 좋은 점은 뭐가 있을까……."

한참을 고민하던 나는 아이의 말에 수긍할 수밖에 없었다.

"그래, 세연이 말이 맞네. 그림 그리는 건 정말 좋은 일이지. 세상에 마냥 좋기만 한 일도 있구나."

아이는 엄마를 이겼다고 생각했는지 의기양양하게 웃다가 편안한 얼굴로 잠들었다. 현재를 사는 아이들에게는 그저 좋기만 한 일들이 분명 있다. 학원이나 숙제 걱정 없이 친구들과 맘껏 뛰어놀 때, 입에 넣은 딸기가 너무 맛있을 때, 귀여운 인형을 선물받았을 때, 오직 기쁨으로 반짝거리는 순간을 아이들은 훼손하지 않은 채 간직할 줄 안다. 그렇게 좋은 일에도 어두운 뒷면이 있을 거라고 미리 걱정하거나 두려워하지 않는다.

가끔 내가 아이의 세계에 어른의 법칙을 너무 빨리 들이밀려고 하는지 돌아보게 된다. 세상이 늘 아름답지만은 않다는 것을 미리 알고 있으면 조금 덜 힘들까, 조금 덜 실망하게 될까 싶은 조급한 마음. 부모 입장에서 아이가 상처 입지 않기를 바라는 것은 어쩌면 당연하다. 하지만 결국 아이의 마음이 자연스럽게 깨질 때까지 가만히 두어야겠다고 마음을 다잡아본다. 내가 미리 알려준다 하여 깨질 마음도 아니고, 안 알려준다 하여 영원히 간직될 마음도 아니니까.

그래, 지금 네 나이에는 그저 좋기만 한 일도 분명 있는 거야. 산타가 존재한다고 굳게 믿을 수 있는 것처럼.

그래서 다음에 첫째가 비슷한 이야기를 할 때는 애써 입을 다물었다. 그림책 『내가 나를 골랐어!』에는 하늘나라에서 아직 태어나지 않은 아기들이 지상에 가져갈 자신의 재능을 고르는 장면이 나온다. 그중 한 아기가 '귀여움 구슬'을 고르자, 하늘나라 천사가 말해준다.

"귀여워서 곤란한 일이 일어날 수도 있어."
"그래도 괜찮아요. 귀여워서 생기는 일이라면 참을 수 있어요."
―노부미, 『내가 나를 골랐어』

귀여운 건 좋은 거잖아, 곤란할 일이 뭐가 있어. 아이들은 눈을 동그랗게 뜨고 되묻는다. 좋지 않은 점도 있다고 대답하려다가, 이내 마음을 고쳐먹고 "그래, 귀여운 건 좋은 거지. 네 말이 맞아"라고 대답해주었다. 부모의 마음이 내 마음과 꼭 같으리라는 믿음, 산타 할아버지가 진짜 간식을 먹고 가셨다는 굳건한 믿음, 세상에는 마냥 좋기만 한 일도 있다는 믿음. 유년의 인간은 이런 믿음을 효모 삼아, 갓 구운 빵처럼 향긋하게 부풀어 오른다. 커나가면서 너희가 스스로 깨거나 지켜낼 수많은 마음들을, 내가 지레 겁먹고 먼저 알려주지 말아야지.

그러려면 엄마에게도 너무나 많은 연습이 필요해. 나도 모르게 튀어나오려는 성급한 말들을 혀 밑에 꾹 가둬두는 연습이. 너희가 다 크기 전에 충분히 연습할 수 있을지, 엄마는 아직도 잘 모르겠어. 평생 연습생에 머무르는 것은 아닐까……, 매번 마음이 바스락거린다.

3부

키가
클 때마다
마음도
자라나

슬픔과 절망이
너를 사로잡기 전에

동생과 싸우고 게임에 지고 엄마에게 혼나고 동생 뒤치다꺼리하기 벅차고…… 어린이의 삶도 하루하루 녹록지 않다. 일곱 살이 다 지나갈 무렵부터 첫째는 속상한 일이 생기면 방으로 쏙 들어가 버렸다.『소피가 화나면, 정말 정말 화나면』에서 소피가 문을 열어젖히고 숲 속 자기 나무로 달려가듯, 자기만의 공간이 필요해지는 모양이었다. 아이는 이불 속에 들어가 한참 훌쩍이거나 씩씩대다가 마음이 조금 풀리면 그제야 슬그머니 거실로 나왔다.

그런데 어느 날, 여느 때보다 시간이 제법 지났는데도 첫째가 거실에 나올 기미가 보이지 않았다. 잠들었나 싶어 슬쩍 문을 열어보았다가 푸핫 웃음이 터졌다. 아이가 침대에 앉아 큰 베개에 책을 올려놓고 문을 등진 채 벽을 바라보며…… 그림책을 읽고 있었다. 침대에 잔뜩 쌓인 책도, 베개로 만든 책상도 다 생경했다. 등에도 표정이 있어서 앞으로 살짝 숙인 채 '나 속상해, 건들지 마!'라고 쏘아붙이는 듯했다. 잔뜩 화가 나 올라간 눈썹과 내려간 입꼬리가 보이는 것만 같았다.

어릴 적 나도 힘들 때 책으로 도망쳤던가? 잘 기억나지 않는다. 나는 상황과 관계없이 활자 집착이 강한 아이였다. 꼭 책이 아니어도 사용설명서나 슈퍼마켓 전단지, 신문이라도 읽고 있어야 편안했다. 그런데 코로나 사태를 겪으면서 새삼 알게 되었다. 나는 힘들 때 읽는 행위에서 위안을 구하는 사람이 맞구나. 마음대로 상황을 통제할 수 없어 스트레스 지수가 올라가니, 집착하듯 책을 사고 읽었다.(사는 속도가 읽는 속도보다 배 이상 빠른 게 문제다.)

　밤마다 몇 시간씩 책을 읽다 잠이 들었고, 아이들이 뛰어노는 놀이터에서 책을 펼쳤다. 눈에 띄는 신간마다 족족 장바구니에 담아놓고, 궁금한 분야가 생기면 꼬리에 꼬리를 물며 다음 책을 찾아 읽었다. 책을 고르고 구입하고 읽는 것은 내 뜻대로 할 수 있으니까. 요동치는 무력감과 답답함을 엉뚱한 사람이나 일에 풀고 싶지 않을 때, 감정을 사뿐히 옮겨 사그라들게 하는 안전한 배출구가 필요했다. 그게 나에게는 책이었다.

　침대 위에 앉은 첫째의 동그란 등 뒤로 내가 겹쳐 보일 때, 나는 아이의 등을 쓰다듬고 싶기도 했고 그냥 뒤돌아 나오고도 싶었다. 아이가 책을 읽고 있다는 사실이 흐뭇했다기보다, 격앙된 감정을 해소할 방법을 제 스스로 찾았다는 것이 기특했다. 흥분된 상황에서 자신을 잠시 단절시키겠다는 결의, 다른 세계를 얹어 이 세계의 어둠을 잠시 가려두는 기술. 언제 말도 없이 이런 걸 익혔을까. 몇 권 읽었겠다 싶을 때 슬쩍 말을 걸면, 아이의 감정이 확연히 가라앉아 있는 게 느껴졌다. 책이 주는 위안이라는 걸 네가 자연스레 알아냈구나.

　스위스의 라주아드리르 출판사의 편집부가 글을 쓴 『책읽기가 즐거운 101가지 이유』라는 책이 있다. 책이 주는 기쁨을 아이들의 눈높이에서 101가지 그림으로 보여주는 그림책이다. 책은 다양한 감정을 느끼게 해주고 나만의 이야깃거리를 만들어준다. 실생활에 도움을 주기도 하고 마법을 부려 여행을 시켜주기도 한다. 아홉 살 때 첫째도 이 책에 깊이 공감하며 즐거이 읽었다. 그날 아이가 남긴 독서록 중 마지막 문구가 내 눈을 사로잡았다.

아! 또 난 엄마한테 혼나서도 책을 읽으면 마음이 가라앉혀진다. 또 무서울 때도 그렇다. 또 책만 있으면 절대 심심하지 않다. 마지막으로 한마디! 책은 나를 진정시키고 재미있게 해준다.

어릴 적 나처럼 활자 중독이거나 종일 책을 끼고 사는 것은 아니지만, 아이는 책의 효능을 이미 다 알고 있었다. 책은 어려운 상황에 놓인 독자를 위로해준다. 책의 내용이 재미있고 감동적이라서 위로를 받기도 하지만, 그것이 전부는 아니다. 책을 읽기 위해서는 홀로 고요히 몰입하는 시간이 필요하다. 아이와 함께 그림책을 읽을 때 세상에 오직 우리만 있는 기분이 드는 것처럼.

혼자 책을 읽을 때는 어떠한 다른 존재도 필요하지 않다. 나는 이때야말로 진정한 '읽기 독립'의 시기라고 생각한다. 혼자 문자를 읽을 수 있는 때가 아니라, 세상으로부터 자발적으로 자신을 떼어내 책의 세계로 들어가는 능력이 생기는 시기 말이다.

둘째도 언니를 보고 배웠는지, 다섯 살이 다 지날 때부터 내 언성이 조금이라도 올라가면 방으로 휙 들어갔다. 한참이 지나도록 안 나오기에 궁금하고 괘씸하여 방문을 열어보면,

아이는 누워서 뒹굴거리며 그림책을 보고 있었다. 한글도 잘 못 읽던 녀석이, 제 언니 하는 행동은 똑같이 따라 해야 직성이 풀리지!

당시 둘째의 행동은 첫째의 읽기 독립과는 맥락이 조금 달랐다. 둘째는 '엄마가 언제 나 달래주러 방에 들어올까'를 계속 가늠하고 있었다. 괜히 큰 소리로 책을 읽어보고 혼자 중얼대기도 했다. 문을 슬쩍 열었다가 나와 눈이 마주쳐 부리나케 닫기도 했다. 애달픈 마음이 다 보여서, 나도 못 이기는 척 방에 들어가 슬그머니 옆에 같이 누웠다. 그러면 둘째가 책을 내밀고 나는 아이를 안은 채 읽어주었다. 그게 우리의 화해 방식이었다.

한글을 유창하게 읽게 된 여섯 살 둘째가 화를 견디는 방식도 갑작스레 변했다. 엄마가 방에 들어오건 말건 상관이 없어졌다. 눈치 보지 않고 조용히 책을 읽고 있는 아이의 작은 어깨가 조금은 더 단단해진 것 같았다. 나는 더 이상 아이 곁에 눕지 않고, 조용히 방문을 닫고 나온다. 그러면 얼마 안 있어 아이가 밖으로 나와 내게 미안하다고 하거나, 울먹이며 제 속내를 털어놓는다. 그럴 때 작은 아이의 몸을 꼭 안아주면, 이야기의 슬픔과 기쁨으로 눌러둔 마음이 풀려 옅게 떨리며 내게 건너온다.

좋아하는 책이나 책을 즐기는 방식이 전혀 다른데도, 혼자 책을 읽는 시간이 위안이 될 수 있다는 것은 언니에게 배운 모양이다. 이렇게 너희는 혼자임을 두려워하지 않는 법을 조금씩 알아가는구나. 혼자임을 통해 두 발로 서는 법도 알아가는 구나. 나와 한몸이던 원석 덩어리에서 떨어져 나간 아이들은, 스스로를 갈아내며 조금씩 빛을 발하고 있었다. 조금 쓸쓸해진 만큼, 나도 조금 더 빛나는 엄마가 될 수 있다면 좋을 텐데.

유머와 상상은 다정한 친구

책이 주는 위안이 언제나 진지한 것만은 아니다. 책은 유머와 상상을 통해서도 일상의 어려움을 이겨내도록 도와준다. 1학년 겨울방학부터 첫째도 수학 문제집을 풀기 시작했다. 덧셈 구간은 무난히 넘어갔지만 두 자릿수 뺄셈 구간을 통과할 때 한참을 끙끙거렸다. 머리를 싸맨 첫째가 결국 탄식처럼 한마디를 내뱉었다.

"머리 교수님, 제발 도와주세요!"

순간 눈이 마주친 나와 아이 모두 크게 웃음이 터져버렸다. 수학 문제를 풀다 말고 헬메 하이네의 『나의 영원한 세 친구』를 가져와 읽었다. 머리 교수님은 그림책 『나의 영원한 세 친구』에 등장하는 주인공 셋 중 한 명이다. 머리 교수님은 머리에 살면서 모든 두뇌 활동을 관장하고, 사랑마음 아주머니는 심장에 살면서 감정을 소중히 다루고, 뚱보배 아저씨는 배 속에서 소화를 책임진다. 그럼 수학 문제를 풀 때는 누구에게 도움을 청해야 할까? 머리가 잘 돌아가야 하니 머리 교수님께 도움을 청해야지! 아이는 눈앞의 어려움을 넘어갈 마법의 힘을 책 속에서 끌어모으고 있었다.

책에 나오는 친구들과 한번 친해지고 나면, 책을 덮은 후에도 얼마든지 그들을 소환할 수 있다. 독자가 불러주는 한 그들은 활자 안에 갇혀 있지 않다. 얼마든지 내 곁에서 힘을 발휘할 수 있는 진짜 도우미가 되어준다. 머리 교수님이 수학 문제를 대신 풀어줄 수는 없지만, 어려움을 겪고 있는 아이를 응원하고 북돋워줄 수는 있다.

책 속에서 아이는 얼마나 많은 친구와 마법사와 선생님을 사귀게 될까. 현실의 친구와 선생님만큼이나, 아니 때로는 더욱 강력하게 위로와 지지를 건네주는 이들을 수없이 만나게 되겠지. 홀로 책의 곁에 머물 때, 책은 어려운 감정을 고스란히 받아주는 저수지가 되는가 하면 화해의 길을 열어주는 다리가 되기도 한다. 그리고 마법 가루를 뿌려주는 요정이 되어주기도 한다.

아이에게 책의 세계를 일러주고 싶은 것은 그런 이유이다. 언제까지나 너의 울타리일 것만 같던 부모도 해결해줄 수 없는 고독과 절망이 너를 덮칠 때, 잠시 다른 문을 열고 들어가 쉬다 오라고, 혹은 다른 문 너머에 있는 존재를 불러와 네 곁에 머무르게 하라고, 그러고 나면 훨씬 더 안정되고 평온해진 너를 발견할 거라고 가만히 말해준다. 그럴 때 책은 무책임한 도피처가 아니라 명랑한 여행지가 되어준다.

신기 이전에 신비

첫째가 일곱 살이 되자 더 이상 주변에서 아이를 일곱 살 아이라고 부르지 않았다. '예비 초등'이라는 호칭이 새로 붙었다. 학교에 들어가려면 1년이나 남아 있는데, 벌써부터 아이에게 학생의 짐을 얹어주는 것이다. 아이를 일곱 살로 바라보는 것과 예비 초등학생으로 바라보는 것에는 큰 차이가 있다. 일곱 살짜리는 여섯 살에서 한 살 더 먹은 아이일 뿐이지만, 예비 초등학생은 학습을 위해 무언가 준비해야 하는 학생으로 느껴진다.

1학년 입학을 몇 달 앞두고 나는 조심스레 선배 엄마들에게 물어보기 시작했다. 뭘 가르쳐야 하나요. 뭘 준비해 가야 하나요. 대답은 천차만별이었다. "젓가락질, 우유 혼자 따기, 화장실 혼자 가기, 세 가지만 할 줄 알면 돼요"라는 엄마부터, "최소한 받아쓰기, 열 자리 연산과 구구단까지는 하고 들어가야죠"라는 엄마에 이르기까지. '~만'과 '최소한'의 간극은 얼마나 넓은가. 그 사이에는 부모의 도움을 받아 아이가 해내야 할 일들이 빼곡하게 숨어 있었다. 아직 학교가 어떤 곳인지 잘 모르던 초보 엄마는, 한정 없는 선택지 앞에서 머리가 어질어질했다.

예비 초등이라는 호칭이 붙으면 엄마들의 책 고민도 달라진다. 아이에게 읽힐 책의 종류를 바꿔야 하나 싶어진다. 유아 수학 전집이나 자연관찰 전집을 들일 때와는 차원이 다른 복잡한 고민이 시작된다. 온갖 과학책, 역사책, 수학책, 위인전에 나아가 영어책까지, 소위 초등학교 입학 후 '학습에 도움이 될

책'들에 눈이 간다. '즐겁고 재미있게 책을 즐기면 된다'던 첫 마음이 흔들리고 영역별 독서, 융합 독서 같은 개념에 나도 모르게 귀가 쫑긋해진다.

　문제는 마음이 급해지는 엄마와 아이의 속도는 전혀 다르다는 것이다. 첫째는 어릴 적부터 백과사전이나 도감류의 지식책에는 전혀 관심이 없었다. 두 돌 때 필수품처럼 들이는 자연관찰 전집을 네 돌 되어서야 조금 읽었고, 이조차도 꽃과 과일 영역만 찾아볼 뿐이었다. 여섯 살 때 어린이집에서 〈세상을 빛낸 100명의 위인들〉 노래를 배우며 몇몇 인물에 관심을 보이기에, 얼씨구나 하고 중고로 인물 전집을 들여왔다. 결과는? 당연히 대실패였다. 아이가 썩 좋아하지 않는 형식의 책이라는 걸 뻔히 알면서도 성마르게 들이댄 무지의 결과였다.

　여섯 살이 되면서 세상에 대한 아이의 궁금증은 하루하루 커져만 갔다. 사회, 지리, 인체에 관심이 생기면서 질문이 끝없이 늘어났다. 삼일절이 지나고 나면 일본과 우리나라의 관계, 세계 여러 나라와 식민지에 대해 묻기 시작했다. 공룡 이야기를 하다 보면 공룡의 멸종 이야기가 운석으로, 다시 우주 이야기로 이어졌다. 월드컵 경기를 보면서 축구는 어느 나라가 왜 잘하냐는 질문이 나왔고, 우리가 먹은 음식이 왜 똥이 되어 나오는지를 궁금해했다. 자신의 안전과 즐거움만을 추구하던 아이는, 어느새 세계를 향해 문을 열고 큰 소리로 외쳤다. 나는 세상의 모든 것에 질문하고 대답을 원한다고.

　어디까지 알려줄 것인가, 무엇을 매개로 가르쳐줄 것인가,

이 두 가지가 항상 고민거리였다. 동영상을 활용하는 것이 효과적일까? 그러면 아이들이 훨씬 깊이 몰입할 수 있겠지만, 어릴 때부터 영상 의존도를 높이고 싶지 않았다. 게다가 차례만 살펴봐도 대충 감을 잡을 수 있는 책과 달리, 영상은 내가 다 보기 전까지는 정확히 무엇을 다루었고 아이가 볼만한 내용인지 어떤지 알 수가 없었다. 그래서 검색과 재생 과정에서 여러 차례 시간을 낭비했다.

그러면 지식책을 권해야 할까? 막상 지식책이나 위인전을 들였을 때 아이의 시원찮은 반응을 여러 번 경험한 터였다. 게다가 대부분의 지식책은 내용이 너무 많고 어려웠다. 상세히 알려주는 것이 미덕이라지만, 나 같은 어른이 소화하기에도 벅찼다. 우리 아이가 읽다가는 '소화불량'에 걸리기 딱 좋을 지경이었다.

초등학교 입학 전까지는 첫째의 궁금증을 푸는 데 지식책이나 영상을 많이 활용하지 않았다. 대신 내가 아는 내용이나 검색으로 얻은 정보를 이야기로 풀어 들려주는 쪽을 택했다. 이야기를 워낙 좋아하는 아이다 보니, 옛이야기 들을 때처럼 눈을 반짝이며 들었다. 내용이 조금 부정확하거나 엉성하더라도 우리에게는 이 방법이 잘 어울렸다.

여덟 살이 되면서 아이는 더 구체적으로 질문을 던졌고 이런 방식에 한계가 느껴졌다. 그래서 세계지도, 국기, 우주, 지구, 인체, 동물, 패션 등 영역별로 좋은 지식책을 천천히 골라서 들였다. 한 번에 다 읽은 책은 거의 없었다. 그저 아이가 궁금해하는 것이 있을 때 관련 내용을 찾아 함께 읽었다. 이야기를 주고받다가 아이가 다른 내용을 궁금해하면, 흥미를 보이는 장으로 건너갔다. 긴 이야기책을 잘라 읽어주듯, 우주나 지도 분야의 책을 매일 2쪽씩 읽어주기도 했다. 그렇게 우리는 조금씩 책의 영토를 넓혀나갔다.

가슴에 그루터기를 내어주는 이야기의 힘

어릴 적부터 배우는 즐거움을 알고 지식책을 탐독하는 아이들도 많다. 지인의 아이들 중 세계지도와 지리책에 푹 빠져 자기만의 지도책을 그리는 일곱 살 남자아이가 있다. 벌레를 사랑해서 남들은 징그럽다는 유충 사진도 귀엽다는 듯이 바라보는 열 살 여자아이도 있다. 이런 즐거움을 굳이 막을 필요도 없고 막아지지도 않는다. 배움의 기쁨은 인생의 커다란 선물 중 하나니까. 시기에 맞지 않게 흥미 없는 분야의 책을 억지로 읽게 할 때 문제가 되는 것이다.

어느 날 첫째가 잘 보지 않던 인체 지식책을 들고 와 읽어달라고 했다. 그날따라 아이가 무척 흥미로워해서, 책을 살살이 훑어가며 한 시간이 넘게 뜯어보았다. 수준에 맞게 최대한 풀어 설명해주고, 일곱 살 아이가 이해하기 어려운 DNA 같은 내용은 네가 좀 더 크면 알려주겠다 하고 넘어갔다.

이쯤 되자 동영상을 보여주는 것도 괜찮겠다 싶었다. 특히 엄마 배 속에서 아기가 어떻게 자라 몸 밖으로 나오는지를 궁금해하기에, 정자와 난자가 만나 수정이 되어 태아로 자라고 열 달 후 세상으로 나오는 과정을 담은 짧은 동영상을 찾아주었다. 영상을 보는 내내 첫째는 애써 울음을 참으며 얼굴을 일그러뜨렸다.

"엄마, 이거 보면 좀 눈물이 날 것 같은데. 왜 그런지는 잘 모르겠어."

이맘때 아이가 진짜 궁금해해야 하는 것은 무엇일까. 적어도 우리 아이에게는 아는 즐거움보다 느끼는 즐거움이 더 특별했다. 아이는 아마 영상을 보며 우리가 얼마나 적은 가능성을 뚫고 세상에 태어났는지, 그래서 얼마나 귀하고 신비로운 존재인지를 느꼈을 것이다. 훗날 첫째가 키티 크라우더의 『메두사 엄마』를 퍽 좋아하기에 이유를 물었더니, "엄마가 아이를 낳는 장면이 좋아. 내가 세상에 이렇게 왔겠구나 싶어"라고 답했다. 『배꼽 구멍』을 그렇게나 좋아하던 둘째의 대답도 비슷했다.

"가족들이 내가 나오길 기다리고 있던 게 좋아."

호기심에 가득 차 스스로 찾아보는 것이 아니라면, 소장의 융털이 몇 개고 안구가 어떤 세포로 이뤄져 있고 뼈 안에 무엇이 있는지 아는 것이 예닐곱 살 아이들에게 그리 중요할까. 단지 사실을 많이 외우고 뽐내는 데 그치지 않도록, 그림책이 아이 가슴의 문을 같이 열어주기를 바란다. 좋은 이야기를 통해 사람의 탄생이 얼마나 특별한 사건인지를 받아들이기, 좋은 사람들이 곁에 있음에 안심하기, 나아가 자신의 존재를 온몸으로 긍정하기를 바란다. 아이들에게는 자신을 긍정하고 세상을 신뢰하는 이야기, 마음을 먼저 움직이는 이야기가 여럿 필요하다.

사람에 관해서든 자연에 관해서든, 아이들은 우선 오감을 활용해 생생히 배우는 것이 가장 좋다. 경험보다 더 좋은 스승은 없다. 친구와 뛰고 새로운 놀이도 만들어보고 직접 땅도 파고 매미도 잡으면서. 하지만 요즘 아이들은 직접 세상을 감각하기 어려운 환경에서 살고 있다. 미세먼지가 심해서, 도시화로 공터가 사라져서, 모두 학원 다니느라 바빠서, 이제는 전염병이 활개 쳐서…….

오감의 통로는 좁아졌는데 지식 정보의 길은 과하게 넓다. 아이가 원하지 않을 때조차, 무언가를 궁금해할 틈도 없이 조각난 정보가 과하게 밀려온다. 아이들이 이르게 똑똑해지는 것이 좋기만 한 일일까. 손발의 길이 채 닦이지 않고 머리의 방이 열리지도 않은 상태에서, 뇌라는 집에 짐을 꾸역꾸역 밀어 넣는 것은 위험하다.

그런 의미에서 『내 발밑에서』라는 그림책을 참 좋아한다. 1년 열두 달 동안 변해가는 자연을 아름답게 그려낸 생태 그림책이다. 이 책은 많은 정보를 전하지는 않는다. 다만 보이지 않는 곳에서 벌어지는 자연의 변화를 생생히 드러낼 줄 안다. 겨울철 눈이 내려 세상이 다 고요해져도, 겨울잠 자는 동물들 사이로 잠든 벌레들을 잡아먹으러 오가는 두더지가 있다. 봄이 오면 땅 위의 세상이 화려해지는 만큼 우리 발아래 세상도 분주해진다. 계절이 지나며 벌레들이 움직이고, 식물 뿌리가 더

자라고, 거름이 생기고…… 우리가 다 볼 수 없는 신비로운 일들이 매초 매분 쉬지 않고 펼쳐진다. 1월부터 12월까지 벌어지는 자연의 변화를 간단히 설명한 글이 전부이지만, 생명과 생명이 맺는 관계 자체가 경이로운 이야기가 된다.

'신기'와 '신비'는 다르다. 앞으로 드러난 것들은 신기하고, 뒤에 감춰진 것들은 신비롭다. 요즘 아이들은 '신기'한 것을 너무 많이 보다 보니 오히려 '신비'한 것을 쉽게 잃는다. 뭐든 눈에 보여야 인정할 수 있고, 그러니 나 또한 남들 눈에 뭔가를 보여줘야 한다는 압박감을 강하게 느낀다. 먼 훗날 열매 맺을 신비의 나무를 심고 가꿀 여력이 없다. 어른들을 짓누르던 압박감이 아이들에게 전이된 지 오래다.

어린 시절 책만은 아이들의 가슴에 먼저 깃들었으면 좋겠다. 기쁨과 슬픔과 놀라움이 일렁이는 책, 세상에는 언제나 보이지 않는 뒷면이 있음을 비춰주는 책, 보이지 않는 것도 소중하다고 속삭여주는 책. 그렇게 책의 공간은 아이들에게 쉬어 갈 그루터기 하나를 내어준다. 그게, 이야기의 신비다.

사랑이라는
퍼즐 몇 조각

태어나면서부터 언니 그림책 읽는 소리를 들으며 자란 둘째는 '영아를 위한 책'을 접한 적이 많지 않았다. 매번 언니가 읽는 책을 같이 보았고, 자라나며 골라 오는 책들도 제 수준보다는 조금 높았다. 0세부터 100세까지 즐길 수 있다는 그림책에 '제 수준'이라는 말을 붙이기는 어색하지만, 어쨌든 늘 언니를 따르다 보니 기어다니면서도 보드북보다는 종이책, 글줄이 제법 긴 책에 더 익숙했다. 한글을 갓 뗀 여섯 살 때도 이야기 문고책으로 채워진 언니 책장을 기웃거리다 구박받기 일쑤였다. 하도 조르기에, 하루에 두 챕터씩 읽어준 적도 제법 있다.

여덟 살 된 첫째가 차차 읽기 독립을 하면서, 도서관에서 다섯 살 둘째에게만 책을 읽어줄 기회가 많아졌다. 그러자 이 녀석이 영아 코너에 꽂혀 있는 보드북을 잔뜩 뽑아 오는 것이다. 단순한 선에 원색의 그림, 반복되는 문장과 서사 구조. 동물이나 색깔을 맞히는 구멍책 형태의 영아책이 한가득이었다. 뒷장으로 넘기지 않아도 무슨 동물인지 무슨 사물인지 뻔히 다 알 만큼 컸으면서, 짐짓 모르는 척 맞혀가며 까르르 웃는 모습이 퍽 행복해 보였다.

막상 아기 때에는 안 가져오던 작고 쉬운 책을 계속 들고 오는 이유가 뭘까. 궁금했지만 이유를 묻지 않고 계속 읽어주었다. 왜 이런 아기 책을 들고 오냐고 타박하지 않았다. 애들이 하는 행동에는 대부분 이유가 있었고, 다섯 살 어린이가 영아책을 들고 오는 게 나쁜 짓은 아니니까.

인생을 퍼즐 맞추기에 비유한다면, 우리는 죽을 때까지 퍼즐을 완성하지 못할 것이다. 인생의 마지막 순간 맞춰진 퍼즐이 어떤 그림이 될지는 도무지 짐작조차 할 수 없다. 넓게 텅 비어 있는 부분도, 예쁜 그림으로 완성된 부분도, 딱 한 조각이 모자란 부분도 있을 것이다. 나도 아이들도 각자 맞춰나가는 퍼즐의 최종 그림을 상상할 수 없고, 어떤 퍼즐 조각이 있고 또 없는지도 알 수 없다. 다만 아이들은 매순간 손에 쥔 퍼즐 조각을 맞추려 집중한다. 그리고 눈앞에 그려진 그림이 삶의 전부인 양 즐거워하며 배시시 웃는다. 다섯 살 아이는 쉰 개 퍼즐 조각만 가지고 인생을 짐작하고, 여덟 살 아이는 아흔 개 조각을 가지고 인생을 가늠한다.

둘째는 어린 시절 마땅히 채워야 했던 사랑과 관심의 퍼즐을 다 못 채웠던 걸까. 퍼즐을 맞추다 보면 중요한 장면이나 주인공이 들어간 조각이 있고, 배경이 되는 조각이 있다. 부모가 주는 사랑의 조각은 아마 배경 조각일 것이다. 없어도 그만인 듯하지만 없으면 완성이 안 되는, 주인공과 주인공 사이를 이어주는 조각. 그런 조각이 안 보일 때마다 아이들은 다시 내게 매달렸다. 둘째가 언니 때문에 충분히 채우지 못한 빈 공간을, 혼자 엄마를 차지하게 되자 채우려 드는 것처럼.

둘째에게 언제나 나는 두세 걸음 앞서 나가 있는 엄마이다. 둘째 나이의 엄마보다는 첫째 나이의 엄마 노릇하기에 바빴다. 둘째가 한 살일 때는 네 살 엄마, 둘째가 네 살일 때는 일곱 살 엄마. 조금 더 느긋하고 성숙한 엄마였을까? 그랬던 거 같지는 않다. 둘째가 보기에 조금 더 바쁜 엄마, 나눠 가져야만 하는 엄마, 항상 기다리라고 했던 엄마, 내 뜻대로 움직여주지 않는 엄마…….

다섯 살이 되어서야 아기 책을 들고 오는 둘째를 온 마음을 기울여 품어본다. 항상 언니 쫓아가느라 바빴고 엄마를 둘로 나눠 가지느라 흡족하지 않았지. 바쁘게 흘려보냈던 너의 유아 시절을 이제라도 찾아주고 싶다는 마음 하나로 읽어주고 안아주었다. 몇 주간 아기 책을 가득 가져와 쌓던 아이는 어느 순간 더 이상 그 책장에 다가가지 않았다. 단순한 이야기에 금세 지루해졌을 수도 있다. 하지만 내게는, 아이가 비어 있던 사랑의 퍼즐 몇 조각을 마저 채우고 이제 다른 퍼즐을 맞추려고 새롭게 떠난 것처럼 느껴졌다.

읽기 독립을 한 첫째라고 사랑의 퍼즐 조각이 필요하지 않은 게 아니다. 여덟 살 첫째가 구내염에 걸려 집에 단둘이 머물던 여름날, 더운 데다 열이 올라 지친 아이는 자꾸만 머리를 대고 누웠다. 쌕쌕대는 아이에게 무릎베개를 해주며 평소에는 읽어줄 엄두를 내지 못하던 긴 이야기책이나 지식책을 나누어 읽어주었다. 와중에 시답잖은 이야기를 나누며 킬킬거렸다. 몸의 병을 앓고 일어나는 것은 아이의 몫이고, 나는 몸만큼이나 뜨뜻하게 열 오른 아이 마음에 조용히 부채질을 해줄 뿐이었다.

아이들은 길 위에서 홀로 퍼즐 조각을 찾다가 때로 부모에게 와서 필요한 조각을 가져간다. 품에 파고들면서, 혀 짧은 소리를 내면서, 별 것도 아닌 일에 투정을 부리면서, 아기 책을 가져오면서, 혼자서는 읽기 힘든 책을 가져오면서……. 그럴 때 한 번 더 안아주고 한 번 더 참아보고 한 권 더 읽어주고자 애를 써본다. 그렇게 해서 네가 맞춰갈 퍼즐 그림이 조금 더 아름다워질 수 있기를.

애를 쓴다는 건 내가 결국 화도 내고 소리도 지르는, 그야말로 보통의 엄마라는 뜻이다. "오늘은 책 안 읽어줘, 들어가서 자!"라고 외친 날은 나도 감당할 수 없이 지치고 벅찬 것이다. 하루를 마무리하는 우리 집만의 의례마저 포기할 만큼 힘든 날들이 잊을 만하면 돌아온다. 그래도, 그다음 날이 되면 또다시 애를 써본다. 애쓰는 가운데 조금씩 부모가 되어간다. 나는 엄마 아빠에게 특별한 단 한 사람이야, 이런 확신이 아이들의 빈 공간을 채워주리라 믿으니까.

그래서 살아가는 순간순간 너의 퍼즐을 내려다봤을 때, 오직 단둘이 책을 읽으며 시간을 보냈던 사랑의 퍼즐이 거기 꼭 있었으면 좋겠다. 중요한 자리는 아니더라도 어느 구석이든 꼭 있어야 하는 자리에. 그래서 매일 조금씩 퍼즐 조각을 적립하듯 너에게 책을 읽어준다.

아이가 자랄수록 필요한 퍼즐 조각은 달라진다

품에 안아주고 챙겨주고 끌어당기는 것만으로 필요한 퍼즐을 다 채울 수는 없다. 때론 단호하게 밀어낼 때, 스스로 어려운 것을 해낼 때 퍼즐을 얻기도 한다. 아이가 성장할수록 퍼즐 조각의 크기는 더 작아지고 모양도 섬세해진다. 학교에 들어간 첫째는 조금씩 '자기 공간'에 대한 욕망을 내비쳤다. 동생과 방을 같이 쓰고 대부분의 물건도 공유하다 보니, 자기 물건을 따로 담아둘 상자나 서랍에 집착하기 시작했다. 나란히 붙여둔 침대를 2층 침대로 다시 만들어달라고 하거나, "이사 가면 내 방 생기는 거야?" 하고 공공연히 묻기도 했다.

첫째의 퍼즐 조각을 더 많이 찾아주기 위해서는, 개인 공간을 존중하고 배려해주어야 한다. 당장 방을 따로 줄 수는 없어서 첫째를 위해 책장의 일부 공간을 내어주었다. 우선 내 책과 그림책으로 가득 차 있던 거실 책장에서 두 칸을 정리했다. 그리고 첫째만 읽을 수 있는 이야기 문고책, 만화책 등을 가지런히 꽂아두었다. 문고책 읽는 비중이 늘어나면서 이 책장에 꽂힌 책도 늘어났다.

자기 방이나 책상이 없는 첫째에게 이 책장은 귀한 공간이다. 시리즈별로, 출판사별로, 색깔별로, 주기적으로 깔끔하게 책을 정리해놓는다. 바닥에는 정리 안 된 그림책이 어지러이 널려 있는데, 자기 책장만은 지저분해질까 걱정하며 애지중지 챙긴다. '오직 나 하나만을 위한 공간'은 남다른 애정을 불러오는 모양이다.

하긴, '나만의 물건', '나만의 공간'이라는 말은 얼마나 가슴 설레고 흐뭇하게 하는가. 이야기책을 고를 때도 일부러 첫째에게 '너를 위한 책이야'라고 알리면서 사준다. 그림책을 사 올 때도 둘째에게 '이 책은 네가 좋아할 것 같아 사왔어'라며 생색을 낸다. 결국은 너나할 것 없이 같이 읽는다. 그래도 엄마가 너만을 위해 고른 책이라며 애정 공세를 펼쳐본다. 네가 두 아이 중 하나가 아니라, 유일한 한 사람임을 일러주기 위하여.

『안녕, 나의 보물들』의 배경은 언제나 형제자매로 북적이는 틸리네 집이다. 꼭대기 층 문턱 빈 공간은 틸리의 비밀 장소로, 틸리는 여기에 아끼는 것들을 숨겨둔다. 가족들이 지나다니고 걸터앉아 놀기도 하지만, 그 아래 틸리의 보물이 숨겨져 있을 거라는 생각은 아무도 하지 못한다. 여름방학이 지나고 틸리네 가족은 대대적인 집수리를 한다. 그런데 새로 깔린 카펫이 틸리의 비밀 장소까지 단단하게 감싸버리고 만다. 비밀 장소와 보물을 잃어버리고 누구에게도 속사정을 털어놓을 수 없던 틸리는, 저물어가는 여름밤 아래 울음을 묻는다.

싸늘한 가을바람이 불어오면서 틸리는 새로운 보물과 비밀 장소를 찾는다. 그렇다고 이전의 비밀 장소와 보물을 잊은 것은 아니다. 여전히 틸리의 귓가에는 옛 비밀 장소에 묻힌 종의 소리가 은은히 들려온다. 종도 그림도 구슬도 아무 때나 꺼내볼 수는 없다. 하지만 한때 소중했던 것들이 곁에서 나를 지켜준다는 단단한 믿음은, 자기 세계를 새로이 찾으러 나갈 아이에게 든든한 위로와 격려가 되어주리라.

첫째의 두 칸 서가는 자신만의 새로운 비밀 장소로 떠날 때 발을 내딛는 첫 계단일 뿐이다. 지금이야 아이의 책장이 공용 공간 거실에 있지만, 얼마 후면 자기 방으로 들여줘야겠지. 내가 아이들 책장을 채워줄 일도, 책을 함께 읽고 이야기 나눌

일도 서서히 줄어들겠지. 아이들 방을 가득 채운 그림책 책장은 오히려 내 공간으로 옮겨지겠지.

 뜨겁게 껴안아본 힘으로 서늘하게 밀어내는 힘을 기른다. 어떤 퍼즐 조각은 서로를 밀어내면서 얻어진다. 나와 남편이 아이들에게 줄 수 있는 퍼즐 조각이 몇 개나 남았을까. 남은 조각을 가늠해보고 싶을 때는 걷다 말고 괜스레 아이들 손을 만지작거려본다. 아직은 내 손 안에 쏙 들어오는 작고 부드러운 손을.

풀, 꽃, 나무 곁에서
서성이다 보면

코로나19 때문에 마음은 겨울 한가운데서 떨어도, 2020년 3월의 일력이 한 장 두 장 넘어가면서 공기는 조금씩 부드럽고 말랑해졌다. 아이들은 마스크를 쓰고라도 기어이 놀이터에 나가겠다고 우겼다. 하긴 봄이야말로 아이들과 가장 닮은 계절이지. 내내 잠들어 있던 꽃들도 놀이터를 채우는 아이들의 소리를 먹고 일제히 피어났다. 앙상한 잿빛과 회갈색의 세상에서, 불현듯 찾아온 초록과 하양과 분홍의 습격은 무섭도록 찬란했다.

감옥살이하듯 동네에만 갇혀 있던 봄, 그때만큼 우리가 꽃을 유심히 들여다본 시절이 또 있었을까. 계속 멈추어 있던 내 시계도, 한시가 다르게 피어오르는 꽃 가지 앞에서 째깍째깍 돌기 시작했다. 꽃에 관심이 많아지니 아이들에게 해줄 얘기가 늘었다. 겨울눈 색이 어떻게 변해가는지 봐봐. 와, 이 녀석은 어제까지 아무 기미도 없었는데 오늘 폈네. 매화꽃이랑 벚꽃은 닮았지만 달라, 뭐가 다르게? 이건 냉이꽃이야.

넘쳐나는 게 시간인 아이들도 자주 멈추어 꽃을 보았다. 엄마, 민들레는 어떻게 이런 틈에서도 펴? 꽃마리는 정말 귀여워. 우와, 목련은 가로등 같아. 벚꽃은 나뭇가지에 구름이 걸린 것 같아. 그 봄, 나는 꽃잎과 아이들의 말 수집가로 살았다. 관심에는 시간과 여유가 필요하구나. 코로나로 모두가 멈춘 후에야 비로소 봄의 기쁨과 슬픔을 알아버린 것이다. 우리는 그간 얼마나 많은 봄을 무심코 쏟아버린 걸까.

그해 봄날, 제일 친한 친구와 정신없이 놀고 있는 첫째와 달리 둘째는 자기 비밀 장소라며 놀이터 한구석 공터에 계속 혼자 들어갔다. 아파트 단지에서도 조경을 따로 하지 않아 맨 흙이 드러난 공터였다. 뭘 하나 슬쩍 보니 나뭇가지며 잎사귀, 열매, 솔잎 등 자기만의 보물을 잔뜩 모아두었다. 공들여 땅을 파고 있는 모습이 귀여워, 아이들을 데리고 화원에 갔다. 우리 공터에 꽃씨 심자. 봄이잖아. 줄기가 마르고 시들시들해진 내 꽃도, 공터에 옮겨 심어 튼튼하게 피워내고 싶었다.

샤스타데이지, 봉선화, 분꽃, 타레붓꽃. 화원에서 진지하게 여러 종류의 꽃씨를 사온 우리는, 땅을 팔 도구들과 물통을 챙겨 공터로 향했다. 손가락 마디만큼 땅을 파서 정성스레 씨앗을 심고 흙을 덮고 물을 주는 과정을 반복했다. 그중 몇이나 싹 틔울지는 알 수 없었다. 더 솔직히 말하면, 한 송이라도 피어나리라는 기대는 하지 않았다. 꽃씨가 어떻게 생겼는지 살펴보고 땅도 파보고 물도 줘보면, 아이들이 놀이터 올 때 조금 더 설레지 않을까 하고 기대했을 뿐이었다. 나에게 들러붙는 아이들을 떼어놓고 시간을 때워보려는 꼼수도 한몫했다.

이후 아이들은 수시로 공터에 들러 싹이 텄나 안 텄나 살펴보았다. 기다림은 꽤 진지하고 간절했다. 첫째는 정원과 관련된 책을 찾아 줄기차게 읽기도 했다. 그러나 3주가 지나도록 아무 기미가 없자 씨앗에 대한 호기심도, 정원에 대한 애정도 그만 시들해졌다. 씨앗이 그렇게 쉽게 깨어나는 게 아니야, 달래봤지만 아이들은 금세 시무룩해져 이내 다른 곳으로 가버렸다. 그렇게 우리의 정원 가꾸기는 단 하루의 땅 파기 놀이로 끝나는 듯했다.

그런데 두 달쯤 지나, 씨앗은 아예 잊어버리고 살던 어느 날이었다. 오랜만에 들러본 공터에 마법이 일어났다. 연보랏빛 타레붓꽃이 내 무릎을 넘을 정도로 훌쩍 자라 바람에 산들거리고 있었다. 노지에 씨앗 심어 두 달 만에 이렇게 자랄 수가 있나? 당연히 그때 우리가 심은 씨앗은 아니겠지! 나 모르는 새 단지에서 흙을 갈아엎어 새 꽃을 심었나?

그런데 도저히 믿어지지 않는 동시에, 자꾸만 우리가 심은 바로 그 씨앗이라고 믿고 싶어졌다. 아이들은 틀림없이 자기들이 심은 씨앗에서 꽃이 났다며 의기양양했고, 나는 눈물이 핑 돌았다. 애들아, 씨앗 요정이 도와줬나 봐. 실제 우리가 심은 씨앗이고 아니고는 크게 중요하지 않았다. 우리는 그냥, 믿기로 했다.

덧없고 부유하는 인생에 자연은 영속감을 준다. 겨울이 와도 반드시 봄이 온다는 것을, 때가 좀 늦어도 싹은 튼다는 것을 가르쳐준다. 그냥 '믿게 만드는 힘'이 거기에 있다.

그래서 도시에서 사는 우리 아이들이 자연에게 일부러 말을 걸어 세심히 바라보도록 한다. 피어나려 애쓰는 꽃에게 매일 인사하게 하고, 관찰일기를 써보게도 한다. "엄마 이 꽃 참 예뻐"라고 하면, 검색해서 이름을 알려준다. 매일 고개를 들어 하늘을 한 번 보라고 말해주고, 비가 오면 일부러 밖에 나가 우산에 부딪치는 빗소리를 듣는다. 비를 맞고 싶어 하면 그냥 맞으라 한다.(가서 샤워하면 되지!) 비 온 뒤에는 달팽이도 찾아보고 여름밤이 늦도록 친구들과 뛰어다니며 매미를 잡게 둔다.

진짜 자연이라고 하기에는 한참 부족하다. 자연 속에서 살지는 못하고 자연 곁에서 꼼지락거리다 돌아온다. 그렇게 해서라도 자연과 이어지는 끈을 놓지 않으려는 것이다. 온갖 식물을 죽이기나 하는 마이너스의 손 주제에, 매년 봄마다 학교 앞에 찾아오는 꽃 트럭에 마음이 설렌다. 이사 가면 베란다에 꽃과 나무를 더 들이고 싶다는 소망도 그런 마음의 연장일 거다.

우리 집 앵두나무 두 그루

똑같이 꽃을 관찰하고 들어와도 두 아이의 반응은 늘 달랐다. 오늘은 여러 꽃을 보았으니 꽃일기를 써보자 했을 때 흔쾌히 받아들인 아이는 둘째였다. 첫째는 고개를 저으며 친구와 신나게 자전거 탄 이야기를 일기로 썼다. 꽃이 싫으냐는 질문에 "꽃이 싫은 게 아니고 다른 게 더 좋은 거지"라는 담담한 답이 돌아왔다.

그래, 사람마다 좋아하는 것은 다 다르지. 나이가 아무리 어려도, 자식은 내가 끄는 대로 끌려오지 않는다. 내가 보여주는 어떤 세계를 아이가 나와 같은 의미로 받아들일 거라는 기대는 애시당초 하지 말아야 한다. 때로는 '네가 좋아하는 것과는 다른 세계도 있다'는 것을 보여주는 일로도 충분하다.

하지만 둘째의 경우 내가 열어준 문이 좋아하는 세계를 넓히는 기회가 되었다. 둘째는 아장아장 걷던 시절부터 꽃이나 풀, 열매에 관심이 많았다. 씨앗의 힘을 한 번 본 둘째는 이전보다 더 열심히 동네 식물들을 들여다보았다. 집 앞 카페에 있는 두 그루 앵두나무에서 앵두를 발견한 날, 둘째의 흥분한 목소리가 쩌렁쩌렁 울렸다.

"엄마! 이거 쪼그만 열매 열렸어! 이거 뭐야?"
"아, 아까 옆집 할머니가 알려주셨어! 그거 앵두나무래."
"앵두나무? 그럼 이 초록색이 앵두야?"

둘째는 그날부터 매일매일 앵두나무 곁에 섰다. 처음에는 초록색이던 앵두가 불그스름하게 물들기 시작하더니 빨갛게, 새빨갛게 익어가는 모습을 매일 지켜보았다. 먹어보고 싶다고 졸라대기에, 새빨갛게 익을 때까지 기다리라고 했다. 발을 동동 구르며 며칠을 기다린 아이는 잘 익은 앵두 몇 알을 골라 왔다. 깨끗이 씻고 또 씻은 앵두를 입에 넣은 채, 아이는 생긋 웃으며 말했다.

"엄마, 앵두 엄청 새콤달콤해!"

둘째는 친구들에게 앵두나무를 자기 나무인 양 자랑스레 소개했다. 친구들도 신기해하며 앵두를 보고, 따고, 떨어진 앵두를 땅에 심어주었다. 지금은 두 그루지만, 열 그루가 될 먼 날을 꿈꾸면서.

부끄러운 고백을 하나 하자면, 사실 이 앵두나무는 꽃피는 춘삼월 내가 매일매일 인사하던 나무였다. 심지어 두 달에 걸쳐 관찰 그림일기도 썼더랬다. 사진을 찍어 꽃 검색도 해봤다. 그런데도 무슨 나무인지 확신하지 못했다. 하얗고 여린 봄꽃들 가운데 차이를 구별해내는 게 그렇게나 어렵게 느껴졌다. 그저 그리고 기록할 뿐이었다. 무지하기도 해라! 그날 옆집 할머니가 일러주지 않았다면, 여전히 모르는 채로 남아 있었겠지.

너희는 어미처럼 이리 무지하고 무심하지 말라는 뜻으로, 앵두의 한살이를 담은 그림책을 골라 주문했다. 문명예 작가의 『앵두』는 계절의 흐름에 따라 꽃피우고 열매 맺고 잎 떨어뜨리는 앵두나무를 보여준다. 한 점 근심도 없을 것 같은 초록색과 세상 모든 햇빛을 응축한 듯한 빨간색의 대비가 시원하다. 앵두나무 곁을 지키는 양 갈래 머리 여자아이가 꼭 우리 둘째 같다.

책을 읽으며 둘째는 "앵두나무 꽃이 이래? 나는 꽃을 못 봤어" 하며 울상 지었다. 첫째는 "나는 봤는데. 벚꽃이랑 비슷해"라며 으쓱거렸다. 앵두의 1년을 다룬 그림책을 읽으면서 꽃 피는 앵두나무, 열매가 열리는 앵두나무, 무성한 잎만 남은 앵두나무가 한 그루 나무로 이어졌다. 나무에 대한 몇 조각의 기억이 그림책의 스물네 장면을 통해 하나의 생명체로 긴밀하게 이어진 것이다. 그러니 다시 돌아올 봄에는 꼭 앵두꽃을 제대로 보자. 참 하얗고 어여뻐서 오갈 때마다 눈길을 줄 수밖에 없던 눈송이 같은 꽃을.

그림책을 덮은 후 두 아이를 옆에 끼고 재우던 날, 작고 동그란 둘째의 얼굴이 꼭 빨간 앵두 같았다. 반대편을 돌아보니 조금 큰 앵두 하나가 더 있네. 번갈아 두 아이의 얼굴을 어루만지는데 입안에 침이 돌았다. 우리 집 앵두나무 두 그루는 어떤 계절을 견디며 커갈까. 두 나무의 한살이가 그려진 그림책이 못내 궁금해졌다. 나는 다 넘겨볼 수도 없을 그림책이.

하늘나라가 있다면 이런 곳일까

그날 여섯 살 둘째가 서점에서 골라 온 책은 표지가 새빨간 『무릎딱지』였다. 매일 뛰어놀고 자전거를 타느라 무릎에 딱지와 멍이 가실 날이 없던 때였다. "엄마 이거 재밌겠다, 읽어줘!" 하며 해맑게 웃는 걸 보니 책 내용을 짐작도 못 하는 듯했다. 하긴, 나도 몇 년 전 책 표지만 보고는 이런 내용일 줄 상상도 못 했지. 옆에서 첫째가 조용히 한마디 한다.

"그거 재밌는 책 아닌데······."

첫 문장부터 강렬하다. "오늘 엄마가 죽었다." 힐끗 둘째의 반응을 살펴보는데 별 말이 없다. 다섯 살 때 처음 읽고 온몸으로 거부하던 첫째와는 전혀 다르네. 제지하는 기색이 없어 계속 읽었다. 책방에 예약 손님이 와서 자리를 비워줘야 하는 상황에 둘째는 심지어 아쉬워했다. 집에 가서 읽어줄게, 집에 이 책 있어.

집에 돌아와 둘째에게 처음부터 다시 읽어주려 하니, 첫째는 자기 책을 들고 방에 들어가 문을 꼭 닫아버렸다. 첫째는 여태껏 〈겨울왕국〉을 처음부터 끝까지 다 못 볼 만큼, 슬프거나 무섭거나 갈등이 심한 걸 참지 못한다. 아홉 살이 되었는데도 엄마가 죽는 일은 견딜 수 없는 모양이다. 반면 둘째는 별 말 없이 끝까지 책을 잘 보았다. 다른 책 읽을 때는 꽤나 종알대는데, 왠지 이 책 앞에서는 조용하기만 했다.

"책 어땠어?"

"음······ 괜찮았어."

"그래? 이 친구 기분은 어땠을 거 같아?"

"엄청 슬퍼. 엄마가 죽어서 화나고. 근데 그래도 마지막에 웃기도 해."

"아빠랑 있어서?"

"응. 다행이야."

"엄마가 죽으면 어떨 거 같아, 정연이는?"

"슬퍼. 안 돼. 너무 슬퍼."

둘째는 갑자기 내 무릎에 얼굴을 박고 엎드리더니 울먹거리며 말을 이었다.

"엄마 죽지 마. 죽으면 안 돼. 천백 살까지 살아."

지금 이 순간 "사람은 누구나 죽어"라고 진지하게 얘기했다가는 큰일 나겠지. 그래서 아이 심정에 꼭 맞는 다정한 답을 주었다.

"그래, 엄마 안 죽을게. 천백 살까지 살게."

책 읽는 소리가 그쳤음을 감지한 첫째가 그제야 슬그머니 방에서 나온다.

"너 왜 방에 들어갔어?"

"그 책 싫어."

"내용 아는데도 싫어?"

"생각만 해도 싫어. 보고 싶지 않단 말이야."

첫째는 재미없는 책이라도 읽어주면 일단 끝까지 다 듣는 성격이다. 그런 아이가 어릴 적 도서관에서 내용도 모르고 펼쳤다가 기겁하며 내던진 그림책이 두 권 있다. 바로 『보고 싶은 엄마』와 『무릎딱지』였다. 둘 다 엄마의 죽음 이야기로 시작하는 강렬한 책이다. 목이 메어왔지만 간신히 참으며『보고 싶은 엄마』를 읽어주는 내내 다섯 살 첫째가 물었다. 엄마, 여기 엄마가 어디 간 거야? 아빠는 왜 울어? 여기 엄마는 왜 안 와?

아마 그림 속 아이가 첫째와 비슷한 또래였겠지. 죽음이 무엇인지 아직 이해하긴 어렵고, 그저 엄마가 왜 안 올까, 하여 화나고 속상한 어린아이. 하늘나라에 간 거라고 설명해줬더니 이해했는지, 그냥 분위기 때문에 슬펐는지 첫째는 그때부터 대성통곡을 하기 시작했다. 집에 돌아와 낮잠을 자는 순간까지도 5분에 한 번씩 "엄마가 저기(책 속 하늘나라) 가버린 줄 알았어"를 반복하며 울었다. 처음으로 오래 살고 싶다는 생각이 든 건, 아이를 낳고 일어난 큰 변화였다.

며칠 후 첫째는 도서관에서 『무릎딱지』를 펼쳤다가 두 쪽도 못 넘기고 책을 던져버렸다. 또 엄마가 죽었어! 엄마, 이 책 우리 집에 절대 가져가지 마, 절대!

언젠가 돌아갈 그 집이 아름답기를

한 녀석은 죽음이라면 아예 눈 감고 귀 닫는데, 한 녀석은 호기심을 이기지 못하고 이것저것 묻는다. 죽음을 대하는 태도가 퍽 다르다. 특히 다섯 살이 다 지날 때쯤 둘째는 죽음에 관심이 많았다. 왕할아버지들은 왜 안 계신지, 아빠 엄마도 늙어 죽는지, 죽으면 어디로 가는지. 잠자리에 들려고 불을 끄고 누우면 그런 생각이 더 많이 나나 보다. 그날도 재우려고 침대에 함께 누웠는데, 둘째가 갑자기 이렇게 물었다.

"엄마, 아빠 엄마도 100살 돼서 죽고 나도 100살 돼서 죽으면 하늘나라에서는 우리 친구가 되겠네?"

아이와 친구가 되는 세계라니, 의무도 책임도 불안도 없이 너와 동등하게 만나는 그런 세계가, 죽음 이후에는 이루어질까. 아이의 투명한 상상 앞에서 울컥 마음이 뜨거워져 애써 목소리를 가다듬으며 대답했다.

"그래, 우리 하늘나라에서 만나면 엄마한테 '유진아~' 하고 불러. 알았지?"

그랬더니 첫째가 옆에서 끼어들었다.

"하늘나라에서는 나이를 안 먹어? 거기 가서도 나이 먹으면 계속 아빠 엄마잖아."

"그러게. 엄마도 하늘나라엔 아직 안 가봐서 모르겠네. 어떨까?"

죽음이라면 질색팔색하는 첫째도, 부모의 죽음처럼 강렬한 현실에서 한 발 물러선 상상의 세계로 이끌고 가면 빼꼼 고개를 내밀고 귀를 기울였다. 둘째의 상상에 슬쩍 한 발 들이미는 것처럼 말이다. 아이가 싫다는데 굳이 주입하듯 들려줄 필요는 없다. 하지만 우리 곁에 수많은 죽음이 있다는 사실을 무조건 피하고 숨기는 것도 좋지는 않다 생각한다. 우리는 누구나 살아가고 있고 또한 죽어가고 있기 때문에.

자신과 가까운 사람의 죽음은 상상하는 것만으로도 괴로워하는 첫째를 위해, 동물의 죽음을 다룬 그림책을 골라 읽어주었다. 아이와 죽음 사이 약간의 완충지대가 필요했다. 그중

아이들과 가장 많이 읽은 책은 『잘 가, 작은 새: 세상에서 가장 아름다운 장례식』이었다. 작은 새의 죽음을 깊이 슬퍼하고 오래 기억해주면서도, 무덤가를 놀이터 삼아 노는 천진한 마음이 잘 표현된 책이다. 이 책을 반복해 읽은 자매는 그해 여름 목청껏 울다 죽은 매미들에게 조촐한 장례식을 치러주었다. 아스팔트 위에 떨어져 있던 매미를 맨땅으로 옮겨 잎으로 덮어주고 "잘 가"라고 인사해주는 아주 작은 의식들이, 뜨거운 여름을 지나며 서늘하게 쌓였다.

바로 그해 여름, 지인이 때 이르게 세상을 떠났다. 빈소에 다녀와 내내 울음을 삼키던 내게, 아이들이 찰싹 붙어 오며 이유를 물었다. 하늘나라를 어떻게 설명해야 하나 싶어, 신시아 라일런트의 『강아지 하늘나라』를 꺼내 왔다. 넓고 너른 들판이 펼쳐져 있는 하늘나라, 날개 달린 천사 아이들이 기다려주는 하늘나라, 폭신한 구름 이불이 있는 하늘나라, 모든 강아지들이 사랑받는 하늘나라. 함께 읽고 난 아이들이 엄마 울지 말라며, 사람들이 가는 하늘나라는 어떻게 생겼는지 내게 들려주었다.

"하늘나라에 가려면 어두운 숲을 지나야 해. 비행기가 거기에 데려다주면 이모가 하늘나라로 가는 거야. 온몸에 흙을 묻혀야 하늘나라에 갈 수 있어. 그리고 하늘나라는 수영장처럼 생겼어. 그 안에 물이 아니라 반짝반짝한 하늘이 들어 있어. 보석 구름도 있어." (둘째의 말)

"하늘나라에는 호텔이 있어. 아픈 사람들이 쉴 수 있는 호텔이야. 거기 있으면 안 아파져서 다시 땅으로 내려올 수 있어. 짐이 없어도 돼. 저절로 깨끗해지는 좋은 집이야." **(첫째의 말)**

　슬픔의 물결에 휩쓸릴 것 같던 그 밤, 아이들이 들려준 하늘나라 이야기에 한참을 기대어 울고 또 기도했다. 정말 그런 하늘나라가 있으면 좋겠어. 그래서 그분이 아름답게 머물기를, 그의 마침표가 평온한 쉼표가 되어주기를.

　그리고 신을 믿지 않는 나이지만, 우리 모두가 언젠가 돌아갈 아름다운 집이 있기를 바랐다. 그곳을 떠올리며 조금 더 상냥하고 행복하게 살아보자고, 그것이 오늘 아이들의 목소리를 빌려 죽음이 내게 속삭인 진실일 거라고 중얼거리면서.

　삶과 죽음의 진실을 가장 잘 알고 실천하며 살아가는 이들은 어제도 오늘도 내일도 줄곧 행복한 아이들일 것이다. 늘 삐딱하고 불안하여 파르르 떨던 나를 안아주러 너희가 내게 왔구나, 싶어지던 환한 순간들. 쉽사리 어둑해지는 나의 길에, 너희가 선물한 작은 빛을 그러모아 오늘도 가로등 하나를 켠다.

이렇게 다른
당신과 내가
만나

"아빠 회사 잘 갔다 와!"

"아빠 사랑해! 조심해!"

7시 40분 출근 시간, 열 살, 일곱 살 아이들은 온몸으로 아빠에게 매달리며 아침 인사를 건넨다. 늦잠을 자 아침 인사를 하지 못한 날이면 일어나자마자 입을 삐죽이며 시무룩해진다. 아빠가 육아휴직을 마치고 다시 출근하기 시작한 이후 달라진 우리 집 풍경이다.

아이들이 일곱 살, 네 살이던 2018년 중순, 남편은 1년 반 동안의 육아휴직을 시작했다. 어차피 근무지를 옮겨야 하는 상황이라 이참에 쉬어가는 기회로 삼았다. 특히 아이들이 더 크기 전에 시간을 함께 보내고 싶다는 마음이 컸다. 아이들을 있는 힘껏 사랑하고 싶어도 늘 육아의 보조자로 머물 수밖에 없는 현실을 벗어나고 싶어 했다. 평일에는 기껏 30분밖에 볼 수 없는 아빠가 아니라, 언제든 곁에 있어주고 챙겨줄 수 있는 아빠로 잠시나마 살아보자. 아이들의 유년에 아빠가 든든하게 존재하도록.

주변에서는 이 특별한 경험을 더 특별하게 살리기 위해, 제주도 한 달 살기나 해외 장기 여행을 권했다. 그런 마음도 없진 않았다. 인생에서 오직 이때만 가능한 최대한의 호사를 누려볼까, 우리 가족만의 특별한 경험을 아이들에게 선사해볼까. 하지만 시아버님 칠순 기념으로 미국 아주버님 댁을 방문했을 뿐, 별다른 행사나 여행 없이 1년 반을 보냈다.

그저 매일 아침 아이들 학교와 어린이집에 번갈아 데려다주고, 함께 저녁을 먹고, 뒹굴거리며 깔깔대며 하루를 보냈다. 늦은 밤이라도 쿠키를 굽고 싶다 하면 같이 굽고, 평일에 근처 공원에 산책을 나가고, 일요일 밤에도 부담 없이 집 앞 카페에 팥빙수를 먹으러 나갔다. 아이들은 레고를 한껏 어질러놓은 채 역할 놀이를 하고, 날씨 좋으면 도시락 싸서 놀이터로 소풍을 가고, 거의 매일 밤 30분 이상 아빠와 몸으로 놀았다. 막상 말로 옮기면 소소해 보이지만 정작 하기는 어려운 일들을 500일 넘게 꾸준히 했다.

아이와 깊이 다정하게 소통하는 질 좋은 육아가 제일 중요하다는 것을 잘 안다. 하지만 살을 부비는 시간의 양도 중요하다. 같이 웃고 노는 것만이 전부는 아니다. 내내 붙어 있다 보면 참다 참다 짜증도 내고, 몰랐던 아이의 면면을 발견하며 걱정도 한다. 특별히 '해낸' 것은 없어도 부모가 일상을 함께 보내며 아이 성장을 지켜보고, 육아와 살림을 함께 했다. 부모도 각자 자신만의 시간을 누렸으니, 그 모두가 축복이 아니었나 싶다.

남편이 장기 육아휴직을 쓴다고 하니, 회사에서도 양가에서도 다들 당황하는 눈치였다. 부모님 중에는 취소하라고 말린 분도 계셨고, "우리 때는 상상도 못 한 일이네……"라며 말을 아긴 분도 계셨다. 회사는? 당연히 불친절했다. 남편과 함께 육아휴직을 신청한 여직원에게는 인력 부서에서 직접 찾아와 친절하게 설명해주었지만, 남편에게는 그러지도 않았단다. 괘씸죄로 찍히지나 않았으면 다행이다.

하지만 나는 '언젠가는 그가 휴직을 하겠거니' 하고 생각했다. 둘째 출산 후 내 미래를 두고 고민할 때, 남편은 자신이 휴직하고 아이를 돌볼 수 있다고 말했더랬다. 결국은 내가 퇴사를 결심했지만, 남편에게 결심을 털어놓기까지는 시간이 걸렸다. 당장 벌이가 반으로 줄어드는 것도 문제고, 언제 번역가로 데뷔해 다시 돈을 벌 수 있을지 불투명했기 때문이다. 번다 한들 얼마나 되겠나도 싶고.

망설이던 끝에 말을 꺼냈을 때, 남편은 주저 없이 내 선택을 지지해주었다. 남편의 절대적인 지지는 이후 일을 찾는 나에게 든든한 밑바탕이 되었다. 어떻게든 해내고 싶다는 마음이 더 간절해졌다. 동시에 빚을 졌다는 생각도 들었다. 결국 남편의 경제활동에 기대어 불투명한 미래를 선택할 수 있었던 것이니까. 그가 없었다면 아예 꿈조차 꾸어보지 못했을 테니까. 그래서 언제든 한 번쯤은, 그의 선택이 무엇이든 이유 달지 않고 지지하겠노라 생각했었다.

휴직하자마자 남편은 제일 먼저 백종원의 요리책을 구입했다. 그때껏 요리는 거의 내 몫이었기에 의아한 눈으로 바라보자, 남편은 "휴직했으니 이제 밥도 해야지"라고 답했다. 조리법을 찾아보긴 해도 대충 감으로 재료를 넣는 나와 달리, 남편은 정확하게 계량하는 과학적인 요리를 지향했다. 오 맛있네, 이런 재주가 있었네. 요리하는 물리적 시간이 줄어서 좋았고, 무엇보다 요리는 내 몫이라는 압박감에서 벗어날 수 있어 좋았다.

집안일하는 방식이 달라 몇 달 투닥거리긴 했지만, 육아휴직 기간 내내 평화로웠다. 그렇다고 결혼 생활이 늘 평화로웠던 것은 아니다. 외려 10년 차가 되면서 더 싸우는 것 같기도 하다. "두 분은 안 싸울 것 같은데요"라는 말을 많이 들었지만, 안 싸우는 부부가 어디 있나.(영화 속에 가끔 있더라.) 무슨 일로 부딪히고 어떻게 해결해가는지가 각자 다를 뿐이지.

아이가 어릴 땐 고단해서 싸웠다. 아니, 대부분 내가 싸움을 걸었다. 잠도 밥도 생리 현상도, 무엇 하나 내 마음대로 하기 어려운 육아 전쟁을 치르다 나도 그도 자꾸만 시들어갔다. 그렇다고 사회생활에 소홀할 수 있는 시기도 아니었다. '힘들다'가 '나도 힘들다'로, 결국 '억울하다'로 이어질 때 다툼이 잦아졌다.

육아가 조금씩 익숙하고 수월해지면서 이런 싸움은 꽤 줄었다. 대신 '너무도 다른 당신을 이해할 수가 없어' 벌어지는 싸움이 늘었다. 우리는 결이 참 비슷하다고 생각했는데, 결정적인 순간 그는 화성에서 나는 금성에서 왔다는 사실을 뼈아프게 상기하곤 했다. 원가족을 대하는 태도 때문에 다투고, 남녀의 차이를 논하다 다투고, 아이 밥상 교육을 하다 다퉜다. 반려동물 이야기를 하다가도 다툴 수 있을지는 상상도 못 했다. 결혼 생활은 생활 전선에 나선 나를 위무해주는 안식처이기도 했지만, 싸울 거리가 지뢰처럼 매설되어 있는 전선이 되기도 했다.

전혀 다른 의견이 벽돌담이 되고, 타오른 감정이 벽돌 사이 틈을 메워 담을 더 단단하게 했다. 담이 무너지려면 시간이 필요했다. 무너진 담을 평평하게 고르는 데는 더 많은 시간이 필요했다. 그의 입장에서 본 나는 '감정적이고 논리에 모순이 있는 사람'이고, 내 입장에서 본 그는 '논리적일지 몰라도 무정한 사람'이었다. 다투면서 그도 나도 뼈저리게 느꼈다. 우리는 정말, 진실로 다른 인간이구나. 내가 당신을 잘못 알았던 걸까, 아니면 당신이 변한 걸까. 당신이 나를 잘못 알았던 걸까, 혹은 내가 변한 걸까.

서로 다른 손을 잡겠다는 마음

아이 둘을 키우며 끊임없이 생각한다. 너는 정말로 나와 다른 인간이구나. 같은 배로 낳았어도 첫째와 둘째는 전혀 다른 아이이구나. 그렇게 다른 아이들을 대하는 방법은 어떻게 달라야 할지 고민하고 또 고민한다.

네 살 무렵 둘째의 떼는 극에 달했다. 엄마가 놀이터에서 다른 아이에게 다정하게 굴었다고 울고, 언니에게 먼저 과자를 줬다고 울고, 엄마가 먼저 신발을 신었다고 울었다. 첫째를 다루던 방식으로 단호하게 나가면, 둘째는 더 크게 뒤집어지면서 울어댔다. 첫째와 공정하게 대해야 한다는 생각에 사로잡힌 데다 달리 훈육하는 방법을 몰랐던 나는, 맨손으로 칼날을 쥔 느낌이었다. 분명 칼을 가지고는 있는데 쓰는 방법은 모르는 훈련생이라, 매번 손바닥에서 피가 흘렀다.

한참 서로 난타전을 벌인 끝에야, 칼자루를 제대로 쥐는 방법을 조금 알게 되었다. 옳고 그름을 따지기 전에, 속이 상한 둘째 마음을 무조건 받아주기가 우선이었다. "일단 네가 잘못했잖아!" "이게 화낼 일이야?"라고 윽박지르고 싶은 내 본래 성정에는 안 맞는 방법이다. 꼭 안고 다정한 말로 일단 마음을 가라앉혀놓으면, 아이는 내 말에 진지하게 귀 기울여줬다. 제법 마음 넓게 이해도 해줬다. 미련하게 한 시간 두 시간을 대치할 일이 아니었다.

"엄마가 친구한테 다정하게 말해서 속상했어~? 엄마는 정연이한테 제일 다정한데~."

"엄마가 언니한테 먼저 과자를 줘서 속상했어~? 다음에는 꼭 정연이부터 줘야겠네. 엄마가 꼭 기억할게."

물론 방법을 찾았다고 매번 실천할 수 있는 것은 아니다. 첫째 눈치도 보이고, 힘에 부치는 날은 금세 내게 익숙한 훈육 방식으로 되돌아갔다. 쉽게 화내고 쉽게 방문을 닫는 날도 많았다. 연습하고 또 연습하는 수밖에 없었다.

육아는 결국 계속 나를 넓히는 일이다. 내가 부모에게 받았던, 그래서 첫째에게 했던 단호한 훈육밖에 몰랐으나 둘째 아이를 대하면서 다른 방법을 찾게 되었다. 이럴 때는 이렇게, 저럴 때는 저렇게. 이런 아이에게는 이렇게, 저런 아이에게는 저렇게. 육아의 산을 한 고비 두 고비 넘어가면서 우리는 좀 더 넓은 인간이 되어간다. 앞으로 넘을 산이 많으니, 앞으로 넓어질 일도 많이 남았다.

생각해보면 성인이 된 후 아이를 만나기 전에 가장 적극적으로 나를 넓혀준 사람은 남편이다. 무례한 것보다 솔직하지 못한 태도를 제일 싫어하는 사람이, 스킨십을 사랑의 척도로 느끼는 사람이 있다는 걸 남편과 부딪히며 몸으로 배워갔다. 여전히 어렵지만 빙빙 돌려 말하지 않으려고 애쓴다.(자주 실패한다.) 일부러라도 스킨십을 더 하려 노력한다.(자주 귀찮다.) 남편 역시 나라는 독자적인 세계를 받아들이는 일이 쉽지 않을 것이다. 자주 실패하고 여전히 싸우니 말이다. 두 개의 소우주가 만나 빛과 어둠의 세례를 받으며 넓어지는 일이 어찌 쉬울까.

많은 이들이 사랑하는 이보나 흐미엘레프스카의 그림책 『두 사람』은 "두 사람이 함께 사는 것은 함께여서 더 쉽고 함께여서 더 어렵습니다"라는 문장으로 시작한다. 결혼 생활이 깊어질수록 이 문장이 더욱 뼈저리게 다가온다. 함께여서 자주 든든하고 또 함께여서 쉽게 외로워지는 사이. 그림은 또 얼마나 은유적으로 부부 관계를 보여주는지, 반은 여자 옷이고 반은 남자 옷인데, 단추가 두 옷을 한 벌처럼 엮고 있다. 한 사람을 위한 옷이라고 하기는 어렵고, 그렇다고 한 벌이 아니라고 할 수도 없는 옷이다.

크게 다툰 끝에 화해했던 어느 가을날, 자주 가던 카페에 남편과 둘이 들렀다. 나는 이 원고 작업을 하고 있었고, 곁에 앉아 있던 남편은 이면지에 끼적거리며 코딩을 하고 있었다. 분명 내가 아는 알파벳과 숫자가 나열돼 있지만 전혀 이해할 수 없는 컴퓨터 언어. 논리와 효율이 중요한 코딩의 언어와 달리, 내 원고의 언어는 관계와 아름다움에 깃들고 싶어 했다. 그런 거구나. 우리가 쓰는 언어는 수백 광년 떨어진 별처럼 멀고 아득하구나.

이렇게 다른 언어를 쓰는 사람들이니, 아이를 대하는 방식도 다를 수밖에 없다. 아이가 무서워서 싫다고 하면 딱히 더 권하지 않는 나와, 도전하도록 몇 번이고 부추기는 남편. 만화책은 빌려 보라고 안 사주는 나와, 아이 마음을 읽고 슬쩍 사주는 남편. 거실 가득 늘어놓고 놀게 놔두는 나와, 아이들에게 치우는 법을 가르치는 남편. 서로 다른 철학과 습관이 아이들에게 혼란을 주지 않을까 고민도 되었지만, 오히려 그것이 다양성을 가르칠 수도 있다는 조언에 안심하게 된다.

> 일관성이 없는 양육이 되지 않을까 우려하시겠지만 일관성은 각자 개인이 지켜야 할 덕목입니다. 아이를 돌보는 사람 모두가 같은 육아 태도를 보여야 하는 것은 아닙니다. 진짜 문제는 상대를 자기 쪽으로 끌고 오기 위해 부부가 서로 비난하는 것이죠.
> ─서천석, 『우리 아이 괜찮아요』

그래, 이토록 다른 둘이 아이를 키워 다행이다 싶은 경우도 참 많다. 두려움 없이 일단 해보는 남편 덕에 첫째와 나도 조금은 용감해졌다. 겁 많은 나 혼자였다면 아이들과 롤러코스터나 루지는 절대로 타지 않았을 거다. 장난을 잘하는 남편과 둘째 덕에 나도 조금은 말랑해졌다. 밥 먹고 정리정돈 하기를 중요하게 생각하는 남편 덕에 아이들의 식사 습관과 정리정돈 습관도 많이 좋아졌다. 성정이 나와 비슷한 사람은 해줄 수 없는 일들이다. 두 벌 같은 한 벌, 혹은 한 벌 같은 두 벌의 옷을 입고 우리는 함께 두 아이를 키운다. 애초에 이 가정을 우리 둘로 시작했음을, 고단한 육아와 사회생활에 시달리느라 종종 잊는다.

『두 사람』의 마지막 장면에서는 전혀 다르게 생긴 두 손이 서로에게 천천히 다가간다. 한 사람의 손가락은 전화기와 실패와 붓과 스패너와 끌. 또 한 사람의 손가락은 구둣솔과 리코더와 자와 연필과 포크. 책을 덮고 나면 옆에서 분주히 움직이고 있는 그의 손을 물끄러미 바라보게 된다. 손가락 하나는 스패너, 포크, 게임기…… 또 뭘까 가늠해보면서. 그럼 내 손가락은 연필, 나뭇가지, 숟가락…….

어떻게든 두 손 맞잡아보려는 마음이 부부 두 사람을 한데 엮는다. 손가락을 손가락에 살짝 거는 날도, 깍지 껴서 꼭 잡는 날도, 한 손이 다른 손을 포개어 쥐는 날도 있다. 물론 손잡지 못하는 날들도 많다. 싸우지 않아도, 번잡하고 피곤하여 나란히 걸어가기만 하면 다행인 거다. 그래도 손을 맞잡으려는 의지를 잃지 않을 때 부부 두 사람은 서로 엮인다. 사랑하고 싶다는 건 어쩌면, 그럼에도 불구하고 손을 잡는 것이다. 너의 이 모든 것이 너라서 손을 잡는 것이다. 모든 '그럼에도 불구하고'를 뚫고 '그래서'로 향해 가는 길이다.

꽁꽁 언 내 손을 녹여주는 당신의 손을, 무엇이든 뚝딱 고쳐내는 당신의 손을, 거실에서 빨래를 개고 있는 당신의 손을 사랑한다. 그 곁에서 타닥타닥 타자를 치고 있는 나의 손도, 토요일 점심으로 볶음밥을 만드는 나의 손도 당신에게 그대로 사랑받았으면 좋겠다. 그럴 때 우리의 손은 좀 더 커지고 따뜻해진다. 당신의 손 위에 내 손을 겹치고 마침내 아이들의 작은 손까지 겹쳐질 때, 우리 각자의 우주는 계속 넓어지고 마침내 우리 가족만의 우주가 이 작은 집을 가득 채우게 된다.

가족의 기억으로
지어 올린 나무집

우리 집 그림책은 아이들 방과 거실에 출판사별로 정리되어 있다. 그중 백희나 작가의 책은 대부분 거실 책장 네 번째 칸에 꽂혀 있다. 의도하진 않았는데, 우리 집에서 백희나 작가 책을 제일 좋아하는 둘째 키에 딱 맞는 곳에 두었다. 나란히 꽂혀 있는 책의 등을 손등으로 쓰윽 쓸어보면, 책들에 얽힌 우리 가족만의 이야기들이 하나하나 다 떠오른다. 이렇게 많은 추억을 쌓아준 작가가 또 없지 싶을 정도로.

"무슨 그림책 표지가…… 이래? 안 보고 싶게 생겼는데?"

『장수탕 선녀님』을 도서관에서 처음 빌려 왔을 때, 남편이 표지를 보고 처음 했던 말이다. 솔직히 나도 처음 이 책을 봤을 때 비슷한 느낌이 들었다. 할머니의 처지고 주름진 피부가 적나라하게 표현되어 꽤 충격적이었다. 백희나 작가 작품인데도, 주변에서 아무리 좋다 해도, 도서관 서가 상단에 표지가 보이게 놓여 있어도, 충격을 극복하고 책을 펼쳐 보기까지는 제법 시간이 걸렸다.

읽은 후에는 어땠냐고? 내가 제일 좋아하는 백희나 작가의 그림책이 『장수탕 선녀님』이다. 장마다 깃든 그립고 따스하고 아련한 마음이, 장수탕 선녀님의 손길처럼 내 이마와 가슴도 살짝 짚어주고 간다. 요구르트는 이제 영원히 요구릉이 되어버렸고.

그림책 곁에서 밥 벌어 먹는 아내랑 살아도 남편은 그림책을 잘 보지 않는다. 그렇지만 남편의 솔직한 반응을 들은 나는 크게 웃으며 한번만 읽어보라고 권했다. 표지에 대한 오해만은 꼭 풀어주고 싶었으니까. 책장을 하나둘 넘기면서, 살짝 찡그린 남편의 이마가 서서히 펴졌다. 생각보다 훨씬 좋다며 백희나 작가의 다른 책들도 찾아 읽었다. 남편도 이 책을 백희나 작가의 최고 걸작으로 꼽는다.

그림책을 본 경험이 많지 않은 남편에게도, 늘 그림책을 읽으며 지낸 아이들에게도 『장수탕 선녀님』은 몸과 마음을 뜨끈하게 덥혀주는 온탕이다. 코로나가 퍼지기 이전에는 겨울방학을 맞은 딸들과 동네 목욕탕에 꼭 갔다. 피부가 뽀얘진 채로 평상에서 머리 말리며 읽는 『장수탕 선녀님』은 얼마나 재미있는지!(그런데 우리 동네 목욕탕에서는 왜 요구르트을 안 파는가! 셋 다 투덜거리며 바나나 우유와 커피 우유를 마실 수밖에 없었다.)

2017년 출간된 『알사탕』 역시 우리 집 가족 그림책 중 하나다. 처음 책을 읽던 가을날, 아이들과 나의 반응은 꽤나 달랐다. 소파와의 대화 장면, 아빠의 잔소리 장면에서 깔깔거리는 아이들과 달리, 나는 읽어줄 때마다 눈물을 참기 어려웠다. 아빠의 조용한 고백 "사랑해"부터 목이 메기 시작해 할머니와의 대화에서는 울컥 마음이 뜨거워지고, 결국 가을 나뭇잎들의 "안녕" 앞에서 눈물이 흘렀다.

아이들은 "엄마 왜 또 울어?" 하며 의아해했다. 이렇게 재미있는 책을 읽으면서 엄마는 대체 왜 운담. 하지만 내 표정을 살피며 갸웃거리던 너희들은 아마 몰랐을 거야. 엄마의 눈물을 어렴풋이 이해할 것만 같은 순간, 맑고 환하던 유년의 일상에 구름도 천둥도 눈보라도 찾아온다는 걸.

겨울방학을 맞은 2020년 1월, 아이들을 살살 꾀어 뮤지컬 〈알사탕〉을 보러 갔다. 뮤지컬은 기본적으로 그림책의 이야기 구조를 따라간다. 하지만 그림책의 묘사 방식은 압축적이고 은근한 데 반해, 뮤지컬은 동동이의 변화하는 심리를 훨씬 상세하게 풀어내 어린이 관객들에게 친숙하게 다가간다. 동동이가 혼자 구슬 치는 장면, 문방구 가게 할아버지와의 만남, 구슬이와의 대화 등 그림책에서는 한 장면으로 표현된 내용들에 살이 붙어 더욱 풍성해진다. 알사탕을 먹고 소파, 구슬이, 아빠, 돌아가신 할머니, 은행잎과 대화하는 핵심 장면들은 그림책의 정서를 충실하게 살려냈다.

그림책 읽으면서도 울었는데 뮤지컬 보면서 안 울었을까. 아빠가 "사랑해 사랑해" 하는 장면부터 정신없이 우는 바람에, 애들이 계속 나를 쳐다봤다. 아이들은 재미있었다고 방방 뛰었다. 컴컴한 극장에 가는 게 싫어 심드렁하던 모습은 온데간데없고, 연신 엄지를 치켜들었다. 집에 와서도 잠자리에 들면서 백희나 작가의 책을 찾아 읽고는, 제일 좋아하는 작품을 고르다 잠들었다. 지금껏 우리 집 자매들이 첫손에 꼽는 책은 『달 샤베트』다.

공연의 감동이 사그라질 무렵, 예상치 못하게 코로나 사태가 심각해졌다. 휴교령 휴원령에 이어 3월 개학마저 연기되면서, 두 아이와 꼼짝 없이 집에 붙어 있어야 하는 생활이 시작되었다. 입도 일도 발도 다 묶여버린 계절. 삼시 세끼 밥상 차리며 잔뜩 쌓인 설거지를 하다 말고, 음악이 필요하다 싶어졌다.

가요는 애들한테 들려주기 싫고 그렇다고 만화 주제가는 듣고 싶지 않은데.

퍼뜩 〈알사탕〉 OST가 생각나 검색해보았다. 있네. 〈안녕, 안녕〉을 틀자 거실에서 놀고 있던 아이들이 휙 고개를 돌리며 쳐다본다.

"뭐야?"

"알사탕."

〈안녕, 안녕〉이 끝나면 〈발 냄새〉, 〈아빠의 잔소리〉와 〈나랑 같이 놀래?〉로 계속 이어진다. 나란히 흥얼거리며 우리는 함께 공연을 봤던 기억 속으로, 또 함께 읽었던 그림책 속으로 수시로 소환되었다. 달콤쌉싸름한 알사탕을 입안에서 여러 번 굴리며, 끝나지 않는 듯한 겨울을 견뎠다.

코로나가 여전히 기승을 부리던 봄날의 주말, 둘째가 〈발 냄새〉를 틀어달라 졸랐다. 가만히 듣던 남편이 노래가 좋다며 관심을 보였다. 그러더니 며칠에 걸쳐 계속 〈알사탕〉 OST를 틀었다. 하늘나라에 간 할머니가 불러주는 〈동동동 구리구리 동동〉을 듣다가는 남편의 두 눈이 새빨개졌다. 웬만해선 눈물 보이는 사람이 아닌데.

"당신 책에서도 보고, 그림책 다시 보고 나서 이 노래를 들으니까…… 마음이 너무 짠하더라고."

'코로나 끝나고 안전한 날이 오면 넷이 함께 공연을 보러 가자, 그래서 이 뭉클한 마음을 함께 나누어보자'라고 약속한 지 반년이 지나도록 공연장에 다시 갈 수 없었다. 가을의 한가운데에 이르러서야 조심 또 조심하며 뮤지컬을 보러 갔다. 아이들은 여전히 웃었고, 나는 여전히 울었고, 남편은 차분하게 감동했다. 문방구에서 장난감을 사고, 사진을 찍고, 돌아오는 차 안에서 함께 노래를 듣고 불렀다. 백희나 작가의 어떤 그림책이 다음 뮤지컬로 나오면 좋을지, 어떤 장면이 좋았는지 서로 묻고 감동을 나누었다. 서로가 서로의 말에 조금 더 귀 기울이려 애쓰게 되는, 뮤지컬 〈알사탕〉이 선물해준 달콤한 하루였다.

그림책은 함께 찍은 가족 앨범

백희나 작가의 작품이 우리 집 가족 그림책이 되기 시작한 날을 기억한다. 첫째가 세 돌을 맞던 무렵이었다. 아침부터 7월 무더위에 허덕이며 "어휴, 못 살겠다. 에어컨 틀어야겠다" 하고 중얼거렸더니 첫째가 한마디 던졌다.

"엄마 에어컨 틀면 안 돼. 달이 녹잖아."

"응?"

"달이 녹아서 안 돼. 오토께가 집에 못 가."

"오토께? 달에 어떻게 가냐고?"

"아니! 오토께가 집에 못 간다고!"

이게 무슨 뚱딴지같은 소리야. 오토께는 도대체 뭘까. 어떻게? 어떡해? 오토끼? 혹시…… 옥토끼?

"너…… 옥토끼 얘기하는 거야? 『달 샤베트』 읽었어?"

"응! 어린이집에서 읽어줬어!"

나도 무척 좋아하고 집에도 있지만 아이에게 읽어준 적은 없던 책이었다. 내가 『달 샤베트』 안 봤다면 첫째가 하는 말도 못 알아들었겠지. 우리 집에도 그 책 있다며 아이를 안고 읽어준 날, 오토께를 집에 보내줬다며 함께 기뻐했던 날, 그래서 백희나 작가의 그림책이 처음으로 우리 가족 안에 터를 잡기 시작한 날이 생각난다.

그림책으로 우리는 작고 아늑하지만 또 한편 높고 아득한 우리만의 나무집을 짓는다. 공중과 땅의 가운데에, 현실과 환상의 경계에.

그날 이후 이 그림책을 볼 때마다 내 무릎에 앉아 귀 기울이던 어린 첫째의 '오토께'를 떠올린다. '오토께'는 이제 정확히 '옥토끼'가 되었지만, 심지어 둘째마저도 '오토께'의 시절을 다 지나갔지만. 우리는 『달 샤베트』를 함께 읽을 때 언제든 오토께의 시절을 들추어볼 수 있다. 그림책 속에서는 아직도 마냥 작기만 한 아이들과 어느새 다 커버린 아이들을 한 번에 만날 수 있다.

함께 읽은 그림책은 가족 앨범이 된다. 언제고 함께 나눌 수 있는 이야기 세계를 지어 올리는 것이다. 상상 속에서 구름빵과 달 샤베트와 오무라이스와 알사탕을 함께 먹다 보면 더 행복하고, 덜 외롭고, 더 사랑할 수 있을 것만 같다. 요구르트를 마실 때마다 "요구룽이다" 하며 키득거릴 수 있고, 떨어지는 은행잎을 바라보며 "안녕, 안녕"이라고 인사할 수 있다. 같은 이야기 세계를 공유하고 있기에 함께 웃을 수 있었다.

한 가족이 이야기 세계를 공유하는 방법, 즉 추억을 쌓는 법이 꼭 그림책 읽기 속에만 있는 것은 아니다. 가족마다 다양한 방법으로 특별한 추억을 쌓아갈 수 있다. 함께 여행을 가거나 자전거를 타거나 배드민턴을 치거나 과자를 구우면서 말이다. 비슷한 경험을 쌓고 대화하며 기쁜 일들을 되새기는 가운데, 작은 묘목이던 추억은 커다란 나무로 자라난다.

　그런데 그림책은 실물이 남아 더 좋다. 일상의 공간에 함께 존재하고, 언제든 골라 읽을 수 있다. 물리적 대상을 직접 만지고 넘기고 읽는 경험이 반복된다. 그렇기 때문에 기억의 유효기간이 길고 뿌리가 깊다. 이 책은 언제 어디서 샀고, 누구랑 어떤 자세로 처음 읽었고, 네 살 때와 일곱 살 때 아이의 반응이 어떻게 달라졌고, 아이들과 부모들의 반응은 어떻게 달랐고, 공연 볼 때는 어떤 기분이었고……. 아이들이 그림책을 가져와 읽어달라고 조를 때마다 우리는 추억의 조끼를 한 벌 더 겹쳐 입었다.

　그림책은 단순한 읽을거리가 아니라 아이들의 성장과 가족의 역사가 새겨지는 사진첩이다. 단행본 한 권 값이 1만 5000원 안팎인데 비싸다고 생각하는 사람도 많이 보았다. 글줄이 짧은 책을 굳이 그 돈 주고 사서 봐야 하냐는 것이다. 하지만 반복하여 읽은 그림책은 반드시 제값 이상을 한다. 아이를 무릎에 앉히고 읽어주던 시절부터 차곡차곡 쌓아온 가족만의 이야기가 책 속에 저장되기 때문이다.

　그런 그림책은 쉽게 버릴 수도 없다. 이미 나와 가족과 그림책의 경계가 흐물흐물해져 있기 때문이다. 온전히 나도 온전히 아이도 온전히 그림책만도 아닌 끈적한 무엇이 책장을 가득 채운다. 매실과 설탕을 켜켜이 용기에 담아 숙성시키면 결국 매실 장아찌와 매실액이 남듯이, 우리는 완전히 다르지도 않지만 또 완전히 같지도 않은 이야기를 품고 살아가게 된다.

그러니 그림책을 구입하여 읽는 데 조금 더 넉넉한 우리가 되었으면 좋겠다. 글줄이 많고 적은 것보다, 학습에 도움이 되고 안 되는 것보다 더 중요한 가치가 그림책에는 있으니까. 아이들이 한참 커 이전만큼 그림책을 보지 않더라도, 그림책이 지은 나무집은 언제든 환대할 준비를 마치고 견고하게 서 있다. 겉으로는 고요히 그러나 속으로는 소란스럽게.

다, 다 이유가 있어

남편이 육아휴직을 하는 동안 정말 좋았던 건, 밤마실을 나갈 수 있다는 점이었다. 아이 낳고 퇴사하고 밤거리를 걸어본 게 대체 언제야! 여름날, 한낮의 열기가 식고 선선해진 밤공기, 꼬리를 물고 이어지는 헤드라이트의 빛줄기, 약간 술에 취한 듯 흔들리는 거리와 이 모든 광경을 조용히 내려다보는 달님까지. 몇 년 만에 정면으로 마주하는 밤 풍경이 낯설어 옷깃을 바투 여미면서도, 바람이 스쳐 흘러가는 곳을 자꾸만 뒤돌아보았다. 이 시간에 집에서 여기까지 걸어왔다는 걸 믿을 수가 없어서.

　　가끔은 근처에 사는 친구와 술 한잔을 했다. 홍대 근처에서 열리는 작가와의 만남도 부담 없이 신청할 수 있었다. 그동안 듣고 싶었는데 저녁 시간대라 엄두를 내지 못했던 수업도 용기를 내어 수강 신청을 했다. 신촌에서 열린 7주 과정의 그림책 이론 수업도 그래서 들을 수 있었다.

　　수업이 끝나고 들어가면 밤 10시가 훌쩍 넘은 시간, 두 아이 모두 곤히 잠들어 있었다. 남편에게 고맙다 인사하고 아이들 방으로 향했다. 네 개의 보드라운 볼을 어루만지고 뽀뽀를 하고 나오며 후우, 한숨을 쉬었다. 강의를 들어 머리와 가슴은 충만한데, 오늘 하루가 잘 지나갔구나 하는 안도감과 오늘은 첫째가 울지 않고 잠들었으려나 하는 불안감이 한데 뒤섞여 무거운 한숨이 흘러나왔다.

　　엄마가 밤에 나가야 해서 재워줄 수 없다고 하면 둘째도 썩 좋아하지는 않았다. 하지만 첫째의 반발은 무척이나 심했다. 수업이 화요일 밤인데 월요일 아침부터 "나는 내일 밤 오는 게 싫어"라고 말했다. 수업 1~2주차 때는 울면서 잠이 들었단다. 외출 준비를 하고 있으면 "엄마 사랑해요, 오늘 잘 갔다 와요"라는 편지를 써서 건넸다. 제 불안을 달래려 아이는 잘 다녀오라는 편지를 엄마에게 쓰고 또 썼다.

둘째가 태어난 이래로 다른 사람이 아이들을 재워준 경우는 손에 꼽는다. 그러니 엄마 없이 잠들기가 어색하고 두려울 법도 했다. 하지만 네 살 동생도 이 정도는 아닌데 일곱 살이나 먹은 녀석이 저렇게까지 못 견뎌 하다니. 이래도 되는 걸까 싶어 걱정이 되었다.

수업이 후반부로 향해 가던 어느 날 밤, 함께 침대에 누워 두런대다 아기 때 이야기가 나왔다. 그런데 첫째가 갑자기 이런 말을 꺼냈다.

"엄마, 나는 다섯 살 때부터는 기억이 잘 나는데 아기 때는 기억이 안 나. 그런데 하나 기억나는 게 있어."

"뭔데?"

"정연이 태어났을 때 엄마랑 떨어져 있었잖아. 그때 내가 엄마한테 집에 같이 가서 자자고 졸랐어. 근데 같이 못 가서 슬펐어. 지금도 그 생각을 하면 마음이 슬퍼."

새벽에 급작스레 진통이 와서 병원에 가는데, 할머니 손을 잡은 첫째는 "엄마 잘 다녀와"라고 의젓하게 말해주었다. 며칠 후 집 근처 조리원에 나를 만나러 온 해맑간 얼굴이 여전히 기억난다. 아이 얼굴에 드리우던 햇빛과 그림자의 또렷한 경계도, 빙글빙글 돌며 아이가 만들던 동그란 선도, 내 다리에 매달려 갖고 놀던 장난감도, 그리고 육아 도우미의 손을 잡고 멀어져가던 아이의 뒷모습도.

출산 호르몬은 눈물샘도 감정선도 고장 내고야 마는 걸까. 그날 밤 나는 출산한 지 며칠 안 된 몸을 이끌고 집으로 향했다. 잠들 준비를 하던 첫째가 깜짝 놀라 내 품에 파고들었다. 며칠 만에 안은 아이는 여전히 작고 따뜻했다. 아이가 잠든 것을 확인하고 다시 조리원으로 돌아갔다. 겨울바람을 맞고 바로 몸살에 걸리는 바람에, 단 한 번으로 끝난 일탈이었다.

그때 울지 않고 돌아서 조리원을 나서던 너는 어떤 표정을 짓고 있었을까. 15분 남짓한 거리를 유모차에 실려 가며, 어떤 풍경에 슬픔을 실어 보냈을까. 나 없는 동안 한 번도 울지 않아 의연하다고 생각했던, 오히려 내가 더 안달복달한다고 생각했던 시간 동안 너는 대체 무슨 색깔이었을까.

어쩜 너는, 그 이야기를 내게 한 번도 하지 않았니.

일곱 살 아이가 갑작스레 꺼낸 몇 년 전 이야기에 아무 말도 할 수가 없었다. 몸은 얼어붙는 것 같고 마음은 녹아내릴 듯했다. 그저 "우리 딸 그랬어?"라며 꼭 안아줄 수밖에 없었다. 보름 넘게 엄마 아닌 사람과 잠을 청해야 했던 29개월짜리 아가의 마음에는 깊은 우물이 파여 있었다.

형제자매 중 첫째 아이라면 겪어야 하는 슬픔을 이제 와 내가 어찌해줄 수는 없다. 아이가 견뎌야 할 몫이 분명 있다. 그러나 엄마 없는 밤을 견디는 아이의 불안은 충분히 이해할 수 있었다. 아이의 유난스런 행동에는 다 이유가 있었다. "엄마 금방 오는데 별스럽게 왜 그래"라고 내치지 않고 "엄마 금방 올게, 곧 보자"라고 다정히 이야기해주어야 한다는 걸, 그래서 이 아이의 깊은 우물에 조금이라도 물을 채워줘야 한다는 걸 깨달았다. 늦게라도 알아 다행이었다.

애쓰는 마음

애착 대상이 곁에 없을 때 유아가 과도한 두려움을 표출하는 것을 분리불안 혹은 격리불안이라고 한다. 분리불안은 아주 어릴 때에나 나타나는 줄 알았다. 화장실도 못 쓰게 문을 두드려대고, '엄마 마중'을 위해 어두운 버스 정류장까지 나오고, 낯선 어린이집에서 울음을 터트리던 시기는 다 지나갔으니, 첫째에게 분리불안이 생기리란 생각은 전혀 하지 못했다. 그래서 2017년 『우리는 언제나 다시 만나』를 샀을 때, 이 책은 어린이집에 안 가겠다고 울어대던 둘째를 위한 책이라 생각했다. 첫째에게는 더 이상 "우리는 언제나 다시 만나"라고 이야기해줄 필요가 없다고 믿었다.

그러나 일곱 살 첫째의 속마음을 들은 날, 아이의 불안은 끝난 게 아니라는 사실을 알았다. 시간이 흘러 어찌어찌 잘 묻어두었지만, 엄마와 밤에 떨어져야 하는 상황이 다시 벌어지자 네 살 아이 때의 감정이 훅 튀어나온 것이다. 어쩌면 버스 정류장에서 엄마를 기다리던 두세 살 무렵의 불안까지 다 튀어나왔는지도 모르겠다. 엄마, 가지 마, 내 밤을 지켜줘. 그런 아이에게 동생도 안 우는데 네가 왜 우냐고, 일곱 살이 됐으니 이러면 안 된다고 단호하게 말하던 내가 몹시 미웠다. 뭘 안다고 그런 말을 한 거야.

이제 훌쩍 커버린 열 살 아이는, 엄마가 밤에 재워주지 않는다고 눈물짓지는 않는다. 일주일에 두 번만 엄마 손길에 잠들고, 나머지 다섯 밤은 동생과 키득대다 잔다. 30분이 넘도록 둘만의 이야기 성을 짓다가 잠이 몰려오면 스르르 허물고 꿈나라로 간다.

그래도 엄마가 재워주는 밤을 더 기다리는 쪽은 여전히 첫째다. 둘째도 나를 기다리긴 한다. 하지만 둘째는 엄마가 없는 밤을 홀로 견딘 기억이 거의 없고, 엄마 대신 언니가 있으니 덜 연연한다. 반면 첫째는 재워주기로 약속한 수요일, 금요일을 손꼽아 기다린다. 나머지 날에도 "엄마, 오늘 재워주면 안 돼?"라고 불쑥 물어본다. 안 된다고 하면 받아들이긴 하지만 여전히 입술이 삐죽 나와 있다.

잘 웃고 낙천적인 첫째이기에, 아이 마음속에 파인 구덩이가 얼마나 깊고 오래되었는지 몰랐다. 그 구덩이를 내 마음에 조금 옮겨 오고 싶어, 둘째도 훌쩍 커버린 이 마당에 『우리는 언제나 다시 만나』를 꺼내어 읽는다. "엄마가 보고 싶어도 꾹 참고 씩씩하게 보냈을" 네 살 아이의 마음을 헤아리고 싶어서, 아직 다 아물지 않은 열 살 아이의 마음에 작은 반창고라도 붙여주고 싶어서, 그러면 흉터가 아예 사라지지는 않아도 조금은 옅어질까 싶어서.

그리고 이 그림책의 마지막 장면을 복사하듯 내 안에 옮겨 둔다. 짙은 남빛으로 물든 어둠 속 별들은 찬란하게 빛나고, 이불 속에는 엄마와 아이가 나란히 누워 있다. 엄마는 아이를, 아이는 엄마를 자신의 체온으로 따스하게 덥힌다. 서로가 서로의 별이 되어준다. 밤에 엄마가 없을까 싶어 불안한 첫째에게 필요한 것은, 오직 이 한 장면이 품고 있는 온기이다.

그래서 아이들을 재워주는 날, 둘째가 먼저 곯아떨어지면 기다렸다는 듯이 첫째 쪽으로 몸을 돌린다. 내가 뻗은 팔에 첫째도 자연스레 머리를 올린다. 한 팔로 팔베개를 해주고, 다른 팔로는 아이의 머리칼이나 볼을 쓸어내린다. 나에게 아이가 단 하나뿐인 것처럼, 우리가 헤어졌던 밤 따위는 없었던 것처럼. 첫째가 곤히 잠들거나 "엄마, 이제 나가도 돼"라고 이야기해주는 순간, 밤은 비로소 묵묵히 어두워진다.

아이들이 별스러운 행동을 하는 데는 반드시 이유가 있다. 그렇게 생각하면, 힘들어도 조금은 기다려줄 수 있다. 씩씩해진 둘째가 갑작스레 네 살로 돌아간 것처럼 찰싹 붙어 떨어지지 않을 때, 얘가 또 크려고 하는구나 짐작한다. 아니나 다를까, 며칠이 지나니 이가 흔들린다고 호들갑을 떤다. 몸에서 새로운 것이 밀고 올라오는 감각을 얼마나 예민하게 느꼈으면! 자기도 정체를 모르는 불안과 분노가 시시때때로 모습을 바꾸어 아이를 삼키곤 한다.

아이도 모르는 아이 마음을 내가 번역기처럼 다 해석할 재간은 없다. 내 마음도 모르겠는데, 내 자식이라 해도 타인의 마음을 어떻게 다 알 수가 있을까. 그래도 해시태그를 달아봐야겠다고 생각한다. *#이녀석이왜이럴까*. 별스럽다 타박하기 전에 이유가 뭘까 생각하려 애쓰는 마음을 갖고 싶다. 그런 마음이 있어야, 기다리는 힘도 생길 수 있으니까.

그간 써온 글을 돌아보니 '애쓴다'는 말을 참 많이 썼다. 내게 육아란 결국 어떤 행위보다 '무엇을 하려고, 혹은 하지 않으려고 애쓰는 마음'에 가까운 모양이다. 그러니 부모란 어떤 사람이냐 묻는다면, 헤아리려 애쓰는 사람이라 답해야겠지. 기다리려 애쓰는 사람이라 답해야겠지…….

4부

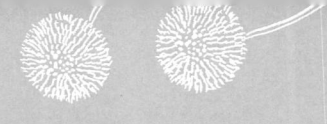

혼자
걷기 시작한
너에게

바로 그 자리에서
새롭게 시작하면 돼

둘째는 그림 그리기를 참 좋아한다. 좋아할 뿐만 아니라, 상상하고 관찰한 것을 그림으로 표현하는 데 거침이 없다. "엄마, 뭐 그려줄까?"라고 묻는 아이에게서 '뭘 주문해도 다 그려줄 수 있어'라는 자신감이 엿보인다. 지금 나한테서는 찾아보기 어려운, 아이의 용감하고 당당한 얼굴이 나는 참 좋다. 그래서 둘째가 그림 그리는 일을 누구보다 지지해주고 아껴준다. 공주보다 더 화려하게 꾸민 엄마, 자기가 좋아하는 온갖 동물과 사물, 행복하게 웃고 있는 네 가족 그림까지, 둘째가 수시로 가져오는 그림 선물은 다정하고 달콤한 초콜릿 상자 같다.

문제는 그림을 그리다 조금이라도 마음에 들지 않으면 마구 짜증을 내며 종이를 구기거나 던져버린다는 것이다. 둘째는 관찰력과 표현력이 좋은 대신 오감이 예민하다. 예민한 아이들은 거슬리는 게 많으니 짜증도 많을 수밖에 없다. 언니가 하는 걸 보고 자라 성취 기준도 높다. 네 살까지는 언니가 더 잘 그린다고 생각해서였는지 집에서는 그림을 그리지도 않았다. 어린이집 선생님이 둘째 그림을 보여주며 칭찬해주지 않았다면, 나는 둘째가 그림 그리기를 좋아하는 줄도 몰랐을 것이다.

둘째의 성정을 알고 있어도, 그림을 망칠 때마다 성질을 부리며 새 종이를 달라 하면 나도 성이 난다. 괜찮아, 엄마 눈엔 최곤데, 하나도 안 망쳤어, 엄청 예뻐. 처음에는 곱던 말이 결국 점점 언성이 높아지고 날카로워진다.

"그냥 거기에 그리라니까, 조금밖에 안 틀렸잖아, 대체 종이를 몇 장이나 버리는 거야!"

둘째가 울먹이기 시작하면 내 마음속의 적색경보가 삐삐 울려댄다. 신경을 긁어대는 아이의 날선 울음에서 도망치고만 싶어진다. 그림 그리면서 색색으로 반짝이던 아이의 마음과 아이 그림을 보며 감탄하던 내 마음이 마구 뒤엉켜 어둡게 짓뭉개진다. 달래줘도, 화를 내도, 아이의 마음은 만족스럽지 못하다. 내 마음이라고 편안할 리 없다.

둘째의 마음이 이해 안 되는 바는 아니다. 나만 해도 실수 앞에서는 한없이 작아진다. 일하다 실수한 장면이 무한히 머릿속에서 재생되어, 잠이 들다가도 깨어 벌떡 일어나곤 한다. 오래전 실수가 퍼뜩 떠오를 때도 도리도리 고개를 젓거나 이불을 뻥뻥 찬다. 누구 보여줄 것도 아닌 일기를 쓰다가도 잘 풀리지 않으면 그 장을 찢어내고 싶다.

인생의 몇몇 부분을 도려내고 찢어내고 잘라낼 수만 있다면 모든 일이 지금보다 좀 쉬울까. 땜질이나 기운 흔적, 지우개 자국 따위는 내 인생에 존재하지 않는다면.

어른이고 아이고, 읽어준 사람마다 만족스러워했던 그림책이 있다. 코리나 루켄의 데뷔작 『아름다운 실수』이다. 짝짝이 눈으로 그리기 시작한 그림이 얼마나 크고 화려해질 수 있는지, 책장을 넘길수록 감탄이 나온다. 그림 그리는 과정에서 손이 내 말을 듣지 않는 경우가 왕왕 생긴다. 선이 삐뚤어지기도 하고, 사물의 비례가 안 맞는가 하면 잉크가 튀어 얼룩이 지기도 한다. 누구나 할 법한 흔한 실수들이다.

실수한 작품은 휙 집어던져야 할까? 그림책 속 화자는 망친 부분을 지우거나 찢어버리지 않는다. 모든 시작은 그 실수를 바탕으로 다시 이루어진다. 눈이 짝짝이면 안경을 씌우고, 발이 땅에서 너무 멀리 떨어져 있으면 스케이트를 신기고, 동물을 그리다 망치면 검은 수풀로 덮는다. 계속해서 확장되고 연결되고 풍성해지는 그림.『아름다운 실수』는 지우고만 싶은 실수가, 다른 세계로 나를 이끄는 문이 되는 가능성에 대해 이야기한다.

둘째가 실수한 그림 앞에서 짜증을 낼 때, 자연스레 이 책이 떠올랐다. 그림책 한 권이 아이를 바꾸리라 기대하진 않았다. 그저 제 성에 못 이겨 파르르 떠는 아이를 달랠 요량으로 책꽂이에서 책을 꺼내 왔다.

"망친 거 같지만 더 멋지게 바꿀 수 있어. 엄마랑 본『아름다운 실수』기억나지?"

입을 삐죽 내민 채, 둘째는 가만히 고개를 끄덕거렸다. 책을 읽었다고 짜증과 울음이 금세 줄어들지는 않았다. 그런데 몇 달이 지난 어느 날 둘째가 예쁜 치마를 입은 공주 그림 한 장을 내밀며 물었다.

"엄마, 이런 게 아름다운 실수지?"

내 눈에는 자주 그리던 공주 그림과 똑같아 보이는데, 무슨 뜻이냐 하니 아이가 하나하나 설명을 해주었다. 처음에는 공주 치마를 크게 그렸는데 생각보다 너무 커서 마음에 안 들었단다. 그래서 치마를 산으로 바꿔 그리고, 산 안에 다시 작게 치마와 몸통, 얼굴을 그려 그림을 완성했다는 것이다.

아아, 새 종이를 달라고 매번 울먹거리던 둘째가, 『아름다운 실수』의 진짜 주인공이 되었구나. 호들갑스럽게 칭찬하며 꼭 안아주었더니 아이는 배시시 웃으며 품에 파고들었다. 스스로 경계를 넘어본 이만이 지을 수 있는 당당한 웃음이었다.

책을 삶에 녹여내는 힘

『(와작와작 꿀꺽) 책 먹는 아이』의 이빨 자국 난 표지를 보며 아이들은 "엄마, 이거 진짜 헨리가 먹었나 봐"라며 지금도 신기해한다. 그런 아이들을 보며 웃음 지으면서도 동시에 마음이 덜컥 내려앉는다. 나는 책과 어떻게 만나고 있는가, 하는 생각이 들어서.

어떤 맛인지 궁금하여 책을 먹기 시작한 헨리는 이내 닥치는 대로 책을 먹어 치운다. 책 속의 지식을 고스란히 흡수하면서 헨리는 점점 더 똑똑해지고, 이에 신이나 점점 더 많은 책을 삼킨다. 하지만 방대한 정보가 얽히고설키면서 머릿속은 뒤죽박죽이 되고 무엇도 제대로 표현해내지 못한다. 결국 헨리는 책 먹기를 중단하고, 책을 먹는 대신 읽는 즐거움을 천천히 깨달아간다.(물론 여전히 가끔은 먹기도 하지만…….)

책 한 권을 낸 초보 저자이지만, 출간 후 가장 무서운 것은 '책에 쓴 대로 살아야 한다'는 강박이다. 다정하고 사려 깊게, 명확하고 균형 잡히게. 네가 쓴 글대로 잘 살고 있느냐고 묻는다면 몇 점이나 줄 수 있을지 자신이 없다. 글을 쓰는 것은 일종의 결심이자 각오이다. 이렇게 살아야겠다, 아니 이렇게 살도록 많은 순간 애써야겠다는 다짐. 쓰기란 변화의 과정에서 일어나는 행위이고, 변화는 언제나 현재진행형이다.

쓰는 행위는 읽고 경험한 것을 온몸으로 한번 걸러 내 말로 재해석해내는 과정을 거친다. 책을 먹는 데에서 그치지 않고 소화하는 과정이 필요하다. 나는 책을 제대로 소화하고 있나, 헨리처럼 와작와작 먹는 데에 관심이 쏠린 것은 아닐까, 최소한 내가 읽고 쓴 것은 다 소화해야 하는데, 정말 그런가. 나를 잘 보듬어야겠다 생각하면서도 어느새 나를 들들 볶고 있고, 초록을 사랑한다고 쓰지만 매번 식물을 죽이고, 환경 문제가 심각하구나 느끼면서도 샤워기를 콸콸 틀어둔다. 무의식적으로 행동한 후 아차 싶어지고, 알면서도 귀찮아서 행하지 못하고, 시간이 흐르면 책으로 인한 감동이 흐려지며 손발이 굳는다.

실천하기 위해서는 몸 안의 길이 바뀌어야 한다. 무의식을 의식으로 전환하는 작업이다. 그러니 뇌와 심장과 손발을 연결하는 신경 길을 완전히 새로 내야 한다. 책을 읽는 행위만으로 길이 나지는 않는다. 좋은 책을 읽고 꼭꼭 씹어 소화하는 과정에서 좁은 흙길이 새롭게 깔린다. 설명하지 않고 보여주는 책, 가르치지 않고 들려주는 책, 아름다워 가슴이 함께 움직이는 책, 『아름다운 실수』를 함께 반복하여 읽은 시간은, 아이에게 그런 길을 내어주는 과정이었다.

겨우 다섯 살짜리 아이가 책 속에서 길을 찾는 것을 보며 성장과 성숙의 기쁨을 느끼고 배운다. 나보다 네가 훨씬 낫구나. 실수했을 때 그야말로 '포맷'을 선택하고 싶은 순간이 있다. 텅 빈 백지 상태로 돌아가고 싶다. 현실에서 그런 일은 일어나지 않는다. 지금 자기의 자리를 인정하고 그곳에서 다시 걸어가는 것은 최상급의 용기이다. 좋은 책은 지금 있는 곳에서 방향을 틀어 다른 길을 열 수 있게 해준다. 또한 책을 깊이 읽어낸 사람은 몸에 새로운 지도를 그려 새 길 위에 서볼 용기를 낸다.

권윤덕 작가의 그림책 에세이 『나의 작은 화판』 출간 직후, 내 마음을 그림으로 표현하는 워크숍에 참여한 적이 있다. 하얀 종이를 앞에 두고 시작하기를 두려워하는, 그리고 어디에서 끝맺어야 할지 몰라 붓을 들었다 놨다 하는 우리에게 작가는 이렇게 말했다. 고민했으면 일단 붓을 대어보라고. 수습하는 과정에서 더 망칠 수도 있지만, 더 좋은 것이 나올 수도 있다고. 그림을 그린다는 것은 계속해서 수습해가는 과정이라고.

> 다시 용기 내어 붓을 들고 획을 긋기 시작하면, 계획과 달리 붓과 물감과 물기가 따로 놀면서 서로 반발하다가 이따금 조화를 부리기도 한다. 모든 일이 그렇듯 그리기도 익숙한 방식대로 하면 쉽다. (중략) 그렇게 망친 그림에서 조화의 아름다움을 하나라도 발견하면, 그 단서를 근거 삼아 다시 하얀 새 화판에서 새롭게 시작한다. 조화로움, 아름다움

을 찾아가 끝내 완성하는 것, 그것이 그림이다.

―권윤덕, 『나의 작은 화판』

    둘째는 여전히 그림 그리기를 좋아한다. 그리다 실수하면 "엄마, 이거 아름다운 실수야. 원래는 언니 얼굴이었는데 너무 작아서 해님으로 바꿨어"라며 여유 있게 대처할 줄도 알게 되었다. 인생을 살아가는 데는 능청도 뻔뻔함도 조금 필요하다는 것을 아이의 보들보들한 얼굴을 보며 배운다.

    첫 실패는 그림 그리기였지만, 세상을 살아가다 보면 아이는 수많은 실수를 하면서 눈물짓고 좌절하겠지. 그럴 때마다 『아름다운 실수』는 생의 다음 단계로 넘어가려 애쓰는 태도를 아이에게 상기시켜줄 것이다. 그리고 끝내 그림을 완성할 수 있는 힘을 키워줄 것이다. 우리가 아이에게 책을 읽어주는 이유는 책을 삶에 녹여내는 힘을 키워주기 위해서다. 잔소리 100마디보다 훨씬 더 강력하게 심장에 새겨지는, 조화롭고 아름다운 이야기를 선물하기 위해서다.

너의 책장이
나의 책장을
넘어서는 순간

아이 낳아 키우다 보면 세상 모든 일이 육아로 귀결되는 신비를 체험한다. 처음엔 그렇게 보이지 않던 영화와 책이 대부분 엄마의 관점으로 재구성된다. 애절한 사랑과 이별 노래가 시시해지고, '밥 못 먹고 잠 못 자는 고통이 뭔지 알아?!' 하고 분노의 코웃음을 치게 된다. 사람마다 인생의 시기마다 다 다른 과제와 아픔이 있다는 걸 잠깐 망각하고 만다. 넉넉한 마음으로 주변을 바라보기에는 엄마로서 꾸려가는 일상이 너무 빡빡하고 육아라는 짐이 너무 무겁다. 어린아이를 키울 때는, 정말 그렇다.

산다는 것이 매일 선택의 연속이지만, 육아가 더욱 어려운 이유는 나의 선택이 타인의 삶에 직접 영향을 미치기 때문이다. 부모라는 창을 통해 세상을 받아들이는 아이들은 부모의 선택에 많은 영향을 받는다. 아이가 어릴수록 더 그렇다. 그래서 부모는 애착이라는 말 앞에 한없이 약해진다. 만 세 살 이전 애착에 문제가 생기면 아이 인생에 큰 문제가 생길 것만 같아 두려움이 밀려온다.

내가 한 선택의 결과를 책임지는 일은, 쉽지는 않아도 감당할 수 있다. 실망이나 후회마저 온전히 내 몫으로 끌어안으면 되니까. 하지만 육아는 다르다. 매 순간 아이를 위해 선택을 해야 하는데 이 선택이 아이를 어디로 이끌어 갈지, 아이와 부모의 관계에 어떤 영향을 미칠지 알 수가 없다. 알 수 없는 미래의 결과는 온전히 내가 책임질 수 있는 일이 아니다. 혼자만의 여행을 망치는 거야 괜찮지만 남의 여행까지 망칠까 봐 저

어된다. 하물며 사랑해 마지않는 내 아이의 길고 지난한 여행이라면 더더욱.

그래서 아이를 위한다며 하는 선택은 뭐든 조심스럽다. 이럴 땐 먼저 혼을 내야 하나 품어줘야 하나? 아이가 정말 이걸 좋아해서 선택하는 걸까? 결국은 나를 위한 선택이 아닌가? 이렇게 성급히 선택해도 되는 걸까? 혹은 이렇게 선택을 미루어도 될까? 정말, 괜찮은 걸까?

우리 집 그림책 함께 읽기는 단순한 마음으로 시작했다. 그저 좋아하는 그림책으로 아이와 이야기를 나누고자 했다. 그림책 고르는 일이 재미있어 한 권 두 권 읽고 고르며 책장을 채웠다. 두세 칸으로 시작되었던 그림책 공간은 어느새 네 칸짜리 책장을 훌쩍 넘어 거실 책장까지 절반 이상 먹어치웠다.

그래서 아이들 방과 거실 책장 대부분은 내 손을 거친 그림책으로 채워져 있다. 내가 재미있게 읽어서, 아이들이 재미있게 읽을 듯해서, 이맘때쯤 읽으면 좋을 것 같아서, 이 책과 엮어 읽히면 좋을 것 같아서……. 대형 서점부터 동네 책방, 온라인 서점과 중고 서점을 전전하며 한 권 한 권을 애써 골랐다. 사온 책을 아이들이 잘 읽어줄 때 뿌듯했다. 당장은 안 읽어도 아이가 크면서 그 책을 가져오면, '그때 사두길 잘했지', 하는 생각이 들어 흐뭇했다.

하지만 내가 아이의 취향을 잘 파악하고 있는지, 혹은 아이가 내 취향에 길들여졌는지 몰라 헷갈리는 때가 왔다. 재미와 작가, 주제나 소재의 다양성 등을 두루두루 고려하여 책장을 꾸미지만, 여전히 아이는 '내가 만들어놓은 서가'에 들어간다. 내가 아이의 선택을 너무 제한하는 것은 아닐까? 아이의 책 여행이 나 때문에 편향되거나 불균형해지는 것은 아닐까?

그렇다고 아이를 무한한 선택의 자유 속에 내던져도 되느냐, 이 역시 의문이었다. 부모 대상 그림책 교육을 다녀보았는데, 부모님이나 교육 기관에서 자주 궁금해하는 것이 '추천도서 목록'이다. 책이 많아도 너무 많기 때문이다. 대한출판문화협회 통계를 보면, 2014~19년 5년간 연평균 약 7000종의 어린이책이 발행되었다. 2019년 출간된 어린이책은 8000종이 넘는다. 발행부수는 줄어들고 종수는 늘어나는 추세인 데다, 지금껏 쌓인 출간 도서들을 따져보면 정말 어마어마한 양이다.

좋은 책 고르는 작업을 돕기 위해 공신력 있는 단체에서 매년 책 추천 목록을 제공한다. 하지만 그조차도 압박으로 느껴질 때가 많다. 책의 선택지는 바다처럼 넓고 자신만의 기준은 확고하지 않은 상태에서, 부모든 아이든 막막해지기 십상이다. 그러니 무한한 장서가 아이를 꼭 자유롭게 해주는 것도 아니겠지. 다양성과 자유, 제한과 안정감 사이에서 나는 답을 찾지 못하고 꽤 오래 갈팡질팡했다.

아이를 내 취향에 가두지 않기 위해서 도서관이나 서점, 북카페에도 데려갔다. 함께 서점에 가서 아이들이 직접 책을 고를 기회를 주었다. 아이가 고른 책은 토 달지 않고 사주는 편이다.(엄마는 안 사주는 인기 만화책을 가끔은 아빠가 사준다. 부녀가 공유하는 소소한 행복이다.) 도서관이나 북카페에서 빌려 읽었는데 아이가 무척 재미있어해서 주문한 책들도 제법 있다. 어른들 눈에는 마구잡이로 집어 오는 것 같아 보이지만, 아이들은 오랜 기간 책과 만나면서 책등과 표지만 보고도 맞춤한 책을 골라 올 줄 알게 되었다.

넓어지는 너의 서가와 세계

그림책 『할머니가 선물한 마지막 단어』는 소년 미오의 목소리로 할머니와 함께한 시절을 들려준다. 처음 태어났을 때 미오는 지니고 있는 단어가 하나도 없었다. 소년이 처음으로 갖게 된 단어는 "할머니". 이후 소년은 할머니 집에 살던 단어들을 하나씩 배워나간다. 스프링 도깨비, 고슴도치, 타자기, 번개, 눈동자, 레몬 사탕, 해파리, 한숨……. 소년은 매일매일 할머니 방에서 단어를 찾아 데려갔고 그 바람에 할머니의 방은 조금씩 비어가며 조용해진다.

무럭무럭 성장한 소년은 자신이 새로 알게 된 단어를 데려가 할머니의 방을 채워주려 한다. 마시멜로 총, 치킨 너깃, 메모리카드, 야광보드……. 하지만 소년이 데려간 단어와 할머니는 서로 별 관심이 없고 겉돌기만 한다. 할머니의 방은 단어를 잃어가며 점점 작아진다. 할머니가 돌아가시던 날, 마침내 깊숙이 숨겨져 있던 할머니의 마지막 단어가 아이에게 가닿는다.

"미오……."

아이가 처음 가진 단어가 할머니였듯, 할머니가 마지막으로 돌려준 단어는 바로 소년의 이름이었다.

사실 몇 년간 해오던 책장과 취향에 대한 고민은 첫째가 초등학생이 되면서 서서히 흐려졌다. 아이가 무슨 책을 읽는지 내가 더 이상 다 알 수 없는 시기가 온 것이다. 어릴 때 아이가 읽던 그림책은 나도 다 읽고 내용을 알고 있었다. 하지만 첫째가 입학한 후에 읽는 문고책은 반도 채 따라가지 못했다. 끝까지 읽고 아이와 대화를 나눌 수 있을 정도의 책은 많지 않고, 훑어보아 제목과 줄거리 정도 아는 책이 태반이었다.

그나마 무슨 책을 읽었는지 알고 있으면 양반이다. 친구에게 빌려 읽거나 도서관에 다녀온 날은, 뭘 읽고 왔는지 알 수조차 없었다. 친구들이 학교에 가져온 만화책을 빌려 읽는다는 것도 몇 달이 지나서야 알았다. 아이의 책장은 어느 순간 내가 꾸린 책장에 갇혀 있지 않았다. 미오의 단어장이 할머니의 방을 훌쩍 뛰어넘는 순간이 오듯 말이다.

그래서 할머니와 손자가 주고받는 말의 관계를 그린 『할머니가 선물한 마지막 단어』가 내게는 나와 아이와 책장의 관계에 대한 비유로 읽혔다. 할머니 방을 채우고 있는 단어들은 내가 아이를 위해 꾸려준 서가와 닮았다. 미오가 할머니 방에서 단어를 익히며 세상을 배워가듯, 연꽃 자매들도 서가에서 책을 뽑아 읽으며 자기만의 목록을 만들어갔다. 이만하면 어린아이가 세상에 나갈 최소한의 무기를 갖추기에 충분하지 않을까 싶다.

오랫동안 나를 짓누른 부담감에서 그제야 조금 놓여날 수

있었다. 무엇이든 많고 다양하게 접하는 것도 중요하지만, 안전하고 따뜻한 공간과 어른이 주는 안정감도 중요하다. 세상 밖으로 나가는 아이의 등을 툭툭 두드려줄 수 있을 때까지, 아이가 기대어 앉거나 누울 수 있는 울타리가 꼭 필요한 법이다.

 울타리 안에서 한껏 보고 듣고 걸어본 아이들이, 결국 울타리를 넘어 세상 밖으로 걸어 나가는 날이 온다. 너의 책장이 나의 책장을 넘어서는 순간, 너의 세계가 나의 세계에서 찢어져 나가는 순간, 우리의 거리는 새롭게 정의되어야 한다. 그리고 계속 넓어져가는 너의 서가와 세계를 온 마음으로 축복해주는 것이 나의 몫이다. 아이를 키우며 축복할 일이 이다지도 많다는 건, 참말로 어렵지만 참말로 기쁜 일이다.

설렁설렁
오래오래

'아이와 함께하는 그림책 시간'을 주제로 강의를 하다 보면 특히 독후 활동 질문을 많이 받는다. 글쓰기나 그림 그리기 같은 독후 활동을 꼭 하는 게 좋은지, 독후 활동을 할 만한 거리가 없는 책을 읽은 후에는 무엇을 하면 좋은지, 독후 활동을 얼마나 자주 하는지 등의 질문이다. 게으른 나는 멋쩍게 머리를 긁으며 이렇게 대답한다.

"저는 아이가 학교 들어가기 전까지는 독후 활동 잘 안 했어요. 애들이 하자고 할 때만 했어요. '설렁설렁'이 중요하다고 생각해요. 설렁설렁하지 않으면 오래 읽어줄 수가 없어요. 중요한 건 '꾸준히'인 것 같아요."

이렇게 대답하는 내 마음은 사실 부끄러움 반 당당함 반, 짬짜면이자 반반 치킨이다. SNS에서 재료도 결과물도 근사한 독후 미술 활동들을 볼 때면, '아, 나는 아이들 저맘때 저렇게 못 해 줬는데' 싶어 죄책감과 부끄러움을 느끼기도 한다. 독후 활동은커녕 책 읽고 질문도 잘 안 했다. 첫째가 별로 좋아하지 않았기 때문이다. 독후 활동에 부지런한 엄마들 눈엔 내가 얼마나 무책임해 보일까. 책 읽어주는 엄마랍시고 정말 읽어주기만 한단 말이야? 그게 다야? 수군대는 소리가 들려올 것만 같다.

하지만 마음 한편에서는 나를 옹호하는 목소리도 크게 들려온다. '그래도 10년째 읽어줬어! 특별히 해준 것은 없지만 그래도 자그마치 10년이라고!' 매일 조금씩 무언가를 하기란 얼마나 어려운 일인지, 작심삼일을 수백 번도 넘게 경험했으니 알 법도 하지 않은가. 그렇게 생각하면 움츠러들었던 어깨가 조금은 펴진다.

어깨가 자꾸만 움츠러들고 고개가 땅을 향할 때, 이정록 시인의 시에 주리 작가가 그림을 그린 시 그림책 『달팽이 학교』를 읽는다. 모든 것이 느릿한 달팽이 세계를 여러 일화를 통해 섬세하게 그려낸 시인의 재치가 돋보인다. 싱그러운 초록과 쨍한 빨강으로 달팽이 학교의 요모조모를 그려낸 주리 작가의 솜씨도 사랑스럽다. 읽고 있으면 시름이 덜어지고 마음이 편안해지는, 신경안정제 같은 그림책이다.

그림책 속 달팽이들은 사람의 눈으로 보면 정말 속 터지게 느리다. 저렇게 느려터져서야 뭘 할 수 있겠나 하는 생각이 절로 든다. 그래도 학생 달팽이들은 매일 매일 학교에 간다. 선생님들도 매번 지각을 한다. 그래도 빠지지 않고 수업을 한다. 교장 선생님은 할아버지라 더 느리다. 그래도 한밤중에 실외 조회도 하고 운동회도 한다. 이사도 하고 김밥도 싸고 소풍도 간다. 느릿느릿 설렁설렁 굼떠 보여도, 지치지 않고 할 건 다 한다.

그러고 보면 우리 집 그림책 읽기는 달팽이 학교 수업인가 보다. 설렁설렁의 힘으로 오래오래 버틴 셈이다. 설렁설렁은 현재 지향적이고 오래오래는 미래 지향적이다. 설렁설렁 읽어준다 해서 대충 읽어주고 덮는 것은 아니다. 읽어줄 때만은 누구보다 열심히 빠져들어 읽어준다. 등장인물에 맞게 목소리를 바꿔가며, 노래가 나오는 부분은 엉망진창 멜로디를 지어내며, 감탄사 의성어 의태어 다 살려가며 진지하고 신나게. 아이들보다도 더 호들갑 떨고 뒷 내용을 궁금해하며 읽는다. 혼자 이야기 짓고 연극 놀이 하던 세월이 있으니, 책 재미있게 읽어주기에는 나름 자신이 있다.

그러니 다시 말하면, '설렁설렁'은 당장의 성취를 기약하지 않는 태도이다. 지금 이 순간 함께 책 읽는 즐거움만으로도 충분하다고 여기는 태도. 굳이 질문하고 답하지 않아도 분명 아이 마음속에서는 파도가 치고 있다고 믿는 태도. 좀 많이 느려 보여도, 그게 뭐 어떠냐고 되물을 수 있는 뻔뻔하고 느긋한 태도.

역설적으로 '오래오래'는 '설렁설렁' 덕에 가능했다. 뭘 더 해줘야 할까, 이걸 통해 무언가를 이뤄야 하지 않을까, 이런 욕심이 불어났다면 나는 자꾸만 무거워졌을 것이다. 발목에 무거운 추를 하나 매달고 앞으로 가다 보면 발이 질질 끌린다. 아이가 커가면서 매달린 추는 점점 무거워질 테고, 그럴수록 쉽게 지칠 수밖에 없다.

적어도 첫째가 학교에 들어가기 전까지는, '나중은 모르겠고 우리는 지금 이 순간 즐겁게 읽는다'라는 마음으로 책을 읽었다. 10년 동안 그림책 길을 걸을 수 있었던 건 다 두 발이 가벼운 덕이었다. 물론 부지런하고 사랑이 넘치며 체력마저 좋은 엄마들은 '빨리빨리 오래오래'도 가능할지 모르겠다. 나는, 그런 엄마가 아니다.

비단 독후 활동의 문제만은 아니다. 책읽기의 리듬, 시간

등에 있어서도 '설렁설렁 오래오래'의 모토는 유효했다. 오래 지켜보니 아이들의 책읽기에도 리듬이 있다. 명절이나 여행 등으로 생활 리듬이 깨지면, 책읽기의 리듬도 당연히 흐트러진다. 집에 돌아와서 이전의 리듬을 되찾기까지는 최소 1주일이 걸렸다. 어른들도 힘들고 귀찮고 생활에 변화가 잦으면 어디 책 읽을 생각이 나던가.

시간이든 마음이든 빈 공간이 좀 있어야 한다. 아이들도 똑같다. 그럴 때는 책 읽으라고 강요하지 않고, 하고 싶은 대로 하라고 둔다. 잠들 때 한두 권 읽어주는 것이 전부인 날들이 흘러간다. 그렇게 얼마간 시간이 지나면, 아이들은 조용히 책으로 돌아왔다.

바라보는 마음만은 설렁설렁하지 않게

'설렁설렁 읽기'로 아낀 에너지는, 아이들을 유심히 관찰하는 데 쓴다. 가까운 사람의 마음이나 행동 변화에 민감한 천성 탓도 크다. 요즘 좀 피곤하구나, 이 놀이에 맛 들렸구나, 둘이 너무 붙어 있어서 힘든 모양이구나, 생활 리듬이 좀 흐트러졌구나. 이럴 때는 한소리해서 다잡아주어야 하나, 좀 쉬고 알아서 돌아올 수 있도록 가만 둘까, 못해도 더 해보도록 지원해줄까, 아니면 다른 것을 해보라고 부추겨볼까, 어떻게 해야 옳을까.

관찰은 길고 고민은 깊고 선택은 어렵다. 아이를 위한 선택이라고 생각해도, 성공인지 실패인지 당장은 알 길이 없다.

이 '알 수 없음'이 부모 된 이를 지치게 만든다. 아이의 미래를 생각할 때 무엇 하나 확신할 수가 없어서 두렵고 불안했다. 부모로 산다는 것은 아무리 '설렁설렁'을 지향해도, 차마 더 뺄 수 없이 피곤한 일이다.

독후 활동을 하자고 독촉하지 않아도 아이들이 알아서 엉덩이를 떼고 움직일 때가 있다. 재미있고 궁금하고 감동적이어서, 아이 마음을 절로 동하게 만드는 놀라운 책들을 만나면 그렇다. 자발적 의지라는 순풍이 불 때는, 돛이 구겨지지 않고 잘 펴지도록 살펴주기만 하면 된다. 순풍을 타고 배는 거침없이 앞으로 나아갈 테니까. 그래서 그런 순간이 오면, 토 달지 않고 아이들이 하자는 대로 한다.

『아빠와 피자 놀이』를 읽고는 4년 넘도록 아빠와 피자 놀이를 했다. 찢은 종이를 몸에 올리고 분무기로 물을 뿌리고 소파 오븐에 올려 간지럼을 태우면 숨넘어가는 웃음소리가 이어진다. 『우리는 벌거숭이 화가』를 읽은 다섯 살, 두 살 아기들이 화장실에서 온몸에 물감 떡칠을 하며 놀던 기억도 생생하다. 몸에 얼룩덜룩 남은 물감 자국이 말끔히 사라지는 데는 시간이 더 걸렸다. 『산딸기 크림봉봉』을 맛보고 싶다는 아이들과 함께 산딸기를 씻고 으깨고 섞으며 직접 만들어도 보았다.(맛은 생각보다 별로였는지, 한두 입 떠먹고는 엄마 먹으라며 다 밀어주었다.) 어느 날 저녁, 『이게 정말 나일까?』를 읽더니, 자신이 좋아하는 것과 싫어하는 것을 가득 그려서 보여주기도 했다.

영유아 시절 함께 그림책 읽던 시간에서 중요한 건 '이것으로 무엇을 이루겠다'라는 목표보다, 책이 선사한 이 행복을 오래 간직하고 싶다는 마음이었다. 그러려면 진짜 민감하게 살펴야 할 것은 바로 '아이'였다. 책 읽어달라는 요청이 뜸해지면, 이유가 무엇인지 시간을 들여 살펴본다. 생활이 힘들어서 그렇다면 공부 양을 조정해줄 수도 있고, 재미있는 책이 없어 그렇다면 함께 서점에 갈 수도 있다. 그러다 보면 갑자기 자주 읽어달라는 날이 오는데, 그러면 군소리 없이 열심히 읽어준다. 같은 작가의 책이나 비슷한 영역의 책을 들여 폭과 깊이를 더해주기도 한다. 명절이나 여행 등으로 리듬이 흐트러지면 아이가 에너지를 회복할 때까지 기다려준다.

아이를 민감하게 살펴야 아이와 오래도록 함께 읽을 수 있고 오래 교감할 수 있다. 이렇게 해야 된대, 이게 좋대, 이건 필수래. 소문과 의무 사이에서 흔들리며 정작 아이를 살피지 못하는 것만은 피하고 싶었다. 아이의 리듬과 패턴을 살피고, 아이의 욕구는 존중해주고, 편안한 환경을 만들어주고 싶었다. 아이와 함께하는 몰입의 시간을 좀 더 오래 간직하도록.

그러니 과하게 성실하지 않고 싶다. 오직 (아이에게) 충실하고 (나머지는) 게으르게, 매번 이 말을 반복하여 되새김질한다. 부모인 우리가 다른 무엇도 아닌 내 아이에 대해 조금 멀찍이서, 그러나 좀 더 오래 궁금해하면 좋겠다고 생각하면서.

짧다고
쉬운 건 아닌데

아홉 살이 되자 첫째는 제법 두꺼운 책들도 수월하게 읽어 냈다. 여전히 그림책과 삽화가 있는 얇은 문고판 책을 더 많이 읽지만, 분량이 100쪽이 넘어가는 책도 별로 두려워하지 않았다. 아홉 살 여름부터는 그림책보다 문고판 동화책을 읽는 비중이 훨씬 늘어날 정도였다. 30쪽, 50쪽…… 분량이 늘어난 동화책을, 그림책을 읽는 중간 중간 섞어가며 읽어보았기 때문일 것이다.

긴 동화책을 끝까지 읽어주던 내 노력도 조금은 도움이 되지 않았을까, 어깨를 펴본다.『리사벳이 콧구멍에 완두콩을 넣었어요』나 『내 꿈은 방울토마토 엄마』, 『아북거, 아북거』 같은 이야기책들을 처음부터 끝까지 호기롭게 읽어주던 기억이 난다. 엄마 힘들다고 애들에겐 툴툴거렸지만, 사실은 "열 쪽만 읽어줄게, 나머지는 네가 읽어" 해놓고 읽어주던 내가 재미있어서 끊지를 못한 거였다.

동화책도 제법 잘 소화하는 아이지만, 짤막한 그림책 앞에서 멈칫거리기도 한다. 포르투갈 작가 베르나르두 카르발류의 『바나나!』를 사온 날, 첫째는 잽싸게 그림책을 집어 들고 소파에 앉아 읽기 시작했다.

"어때? 재미있어?"

"음, 엄마. 그림이 예쁘고 귀엽긴 한데. 솔직히 무슨 이야기인지 잘 모르겠어."

이 그림책은 태양, 구름, 바람, 화산, 빙하, 바다 등 여러 자연물들의 대사만으로 이루어졌다. 대자연의 풍경들이 관광객들의 카메라 셔터 앞에서 "바나나!"라고 외치며 포즈를 취한다는 상상력이 사랑스럽다. 언제나 배경으로만 존재한다고 생각한 자연 풍경이, 서로 대화를 주고받기도 하고 사진을 잘 받으려고 외모를 점검하기도 한다. 여러 자연 요소가 겹쳐져 마법같이 조화를 이루는 찰나, 누구에게나 한번쯤은 있었을 경이로운 순간을 떠올리게 하는 그림책이다.

글이 길지 않고 그림도 간결한지라 어린아이들부터 즐길 법하다. 그렇지만 등장인물이 워낙 여럿이고, 글이 대사만으로 이루어져 상황 설명이 없다. 그래서 대사의 맛을 살려 인물의 감정을 적절히 표현하지 않으면, 누가 누구에게 말하고 있는지 혹은 지금 어떤 상황인지 알아차리기가 어렵다. 이 그림책은 혼자 읽으라 하면 안 되겠네, 여기 앉아봐. 두 아이를 양옆에 끼고 목소리를 가다듬었다.

"굿모닝, 친구드…… 구름, 너 좀 비켜!"

순식간에 돌변하는 태양의 첫 대사를 읽어주는 순간 아이들에게서 큰 웃음이 터져 나왔다. 자기를 가리는 구름이 못마땅한 태양의 감정을 잔뜩 살려주는 게 포인트. 첫 문장에 확 몰입이 되니, 아이들은 책장을 넘길 때마다 낄낄대며 책 속으로 빠져들었다. 2500년 전쯤 먹은 바위에 체해 토하는 화산이며, 새초롬하게 등장하는 무지개며, 사람들 눈에 보이지 않는 것에 투덜대는 바람까지, 등장인물 하나하나가 사랑스럽고 유쾌하다. 즐겁게 읽은 책의 마무리에는 어김없이 둘째의 환호가 따라붙는다.

"엄마, 또! 또!"

그림책에 대한 흔한 오해가, 글의 내용을 그림으로 그대로 옮긴 것이라는 믿음이다. 글과 그림이 하는 이야기가 거의 비슷하다고 상정하는 것이다. 하지만 그림책의 글과 그림은 항상 같은 이야기를 하지는 않는다. 그렇다면 두 개의 다른 언어가 존재할 필요가 없지 않겠는가. 그림은 때로 글보다 많거나 적은 이야기를 하고 심지어 글과는 정반대의 내용을 펼쳐놓기도 한다.

> 작가는 그림을 통해서 이야기에 대한 독자의 이해를 깊게 하거나, 혹은 그림을 생략하여 이야기의 일부분을 독자의 상상력에 맡기는 요술을 부리지 않으면 안 된다. 무엇을 그림으로 표현하고 무엇을 독자의 상상에 맡길지에 대한 균형을 생각해야 한다. 그림책 작가는 그 균형에 작가의 생명을 걸어야 하며, 여기에서 작가의 개성이 드러난다. 그림을 상상하고 글을 쓰는 법은 작가에 따라 각기 다른 것이다.
> ―엘렌 E.M. 로버츠, **『그림책 쓰는 법』**

글이 매우 함축적이고 상황 설명을 상세히 하지 않는 그림책이 있다. 심지어 글이 없는 그림책도 있다. 이런 경우 독자는 글에서 얻을 수 있는 정보가 한정되기 때문에, 더 많이 유추하고 상상해야 한다. 글이 짧거나 없다고 해서, 그림이 단순하다고 해서 결코 쉬운 책은 아니라는 말이다.

그래서 아무리 좋은 그림책이라도 혼자 읽는 것과 누가 읽어주는 것은 천지 차이이다. 특히 읽기 유창성이 떨어지는 아이들에게는 이 차이가 훨씬 더 크게 느껴진다. 글자를 읽기 급급할 뿐, 등장인물의 감정선을 섬세하게 따라가기 어렵기 때문이다. 글을 유창하게 읽게 되었다고 해도, 감정과 상황을 고려하여 적절히 읽기까지는 훈련이 필요하다.

아이가 커도, 글줄이 짧아도, 그림책은 읽어주면 더 깊은 만남으로 기억된다. 아이는 어떻게 읽어주느냐에 따라 그림책을 50퍼센트만 즐길 수도 있고 90퍼센트 이상 한껏 즐길 수도 있다. 읽어주는 사람 덕에 푹 빠져본 그림책은 나중에 혼자 읽더라도 좀 더 수월하게 만날 수 있다.

커서 만나도 좋은 그림책

아이가 성장하면서 더 적극적으로 그림책을 즐길 수도 있다. 그림책은 서사와 은유로, 선과 색과 형태로 이중삼중의 신호를 보내기 때문이다. 너무 어릴 때는 그림 속에 숨겨진 것들이 신호인지도 모르고 지나가기도 한다.

어느 날 잠자리에 들 때 읽을 책으로 아홉 살 첫째가 『(앤서니 브라운의) 행복한 미술관』을 들고 왔다. 앤서니 브라운 책을 어릴 때부터 제법 읽었지만, 그중 많은 사랑을 받던 작품은 아니었다. 이 책은 한 가족이 테이트 갤러리에서 그림을 둘러보는 가운데, 지루함이 차츰 호기심과 즐거움으로 변해가는 과정을 그린다. 서로 소통이 잘 안 되는 듯했던 가족 구성원들은 그림을 보고 이야기를 나누면서 서먹함을 벗고 온기를 회복한다.

명화가 가득 걸린 커다란 방 그림을 보던 둘째가 갑자기 큰 소리로 물었다.

"엄마, 왜 이 엄마만 그림 속에 들어가 있고 다른 사람들은 밖에 있어?"

"어?! 정말이네. 엄마 이 책 여러 번 봤는데 이건 처음 알았어." (나)

"엄마, 그리고 이 엄마만 옷 색깔이 달라졌어. 다들 색이 없는데 엄마만 빨간 옷으로 변했어." (첫째)

"진짜네. 엄마만 빨간 옷이네. 아깐 안 그랬잖아?" (나)

"아까는 다들 색이 칙칙했어." (첫째)

"왜 혼자 바뀌었지? 계속 보자." (나)

다음 장으로 넘어가자 아이들이 또다시 소리를 지른다.

"엄마! 여기 엄마 치마에서 신발까지 전부 다 색이 생겼어." (둘째)

"여기 둘째도 색이 조금씩 생겨!" (첫째)

"와 진짜 그러네. 언제 색이 바뀌는 거지?" (나)

"기분 좋으면!" (둘째)

"기쁘면 바뀌는 거 같아. 그림 보고 재밌으면." (첫째)

앤서니 브라운은 주인공의 심리, 등장인물의 관계 변화를 표현할 때 '색'을 많이 활용한다. 『숲 속으로』나 『공원에서 일어난 이야기』 같은 작품에서 우리 아이들도 익히 본 기법이다.

물론 흑백과 컬러의 대조를 포함한 색의 변화를 이용한 심리 묘사가 앤서니 브라운만의 기법은 아니고, 다양한 그림책에서 발견할 수 있다.

> 색의 변화만으로도 그림은 독자에게 많은 것을 말할 수 있다. 색은 형태와는 또 다른 형식으로 직관적인 감정 표현이 가능하고, 현실과 상상, 회상 등의 변화를 구구절절한 표현 없이도 이해할 수 있게 해주며, 그림책의 리듬을 효과적으로 만들어낸다. 그림책에서 색만 의도적으로 연출을 해도 그림책의 흐름은 크게 달라질 수 있다.
> ─ 권승희, 『좋은 그림책의 기본』

아이들은 어느새 색의 변화를 알아보는 것을 넘어서, 그림 속에서 이유를 찾아보고 언어로 표현할 수 있을 만큼 자라 있었다. 2년 전과 지금, 이 책을 즐기는 방식이 완전히 달라진 것이다. 이럴 때 아이들과 나누는 대화는 진심으로 즐겁다. 앞뒤로 책장을 넘기며 등장인물들의 옷 색이 어떻게, 왜 변해가는지를 살폈다. 원작과 패러디 작품의 차이를 앞다투어 비교했다. 색의 환희로 물들어 집으로 돌아가는 가족을 바라보며 미소 짓기도 한다. 아이들은 책을 보며 웃고, 나는 책 앞에서 웃는 아이들을 보며 웃는다. 너희가 어느새 이만큼 자랐구나.

아이들은 몇 년간 자기 안에 쌓아올린 집에 다른 집을 비추어 감상할 수 있게 되었다. 아이들은 크든 작든 아름답든 추하든, 어떤 집 앞에서도 이전과 다른 것을 발견해내는 힘이 있다. 내가 특별히 무엇을 이끌어낸 것이 아니다. 아이 스스로 발견하여 '앎'을 쌓아가는 과정을 지켜보는 경험은 매번 신비롭고 경이롭다. 아이가 커갈수록 부모의 마음이 쉽게 무뎌지지 않도록, 신비와 경이를 오래도록 마음에 품는 것이 숙제이다.

책 말미에는 앤서니 브라운이 어릴 적부터 즐겨 했다는 셰이프 게임이 실려 있다. 몇 년 전 이 책을 읽고서는 셰이프 게임을 두어 번 하고 말더니, 이번에는 임하는 태도가 사뭇 달랐다. 쉼표 모양, 지렁이 모양, 삼각형 모양 등등 내가 먼저 종이 위에 아무 모양이나 그려준다. 그러면 아이들은 진지하고도 유쾌한 손놀림으로 모양에 새로운 생명을 부여한다. 양 갈래 머리가 삐죽 올라간 소녀로, 얼굴이 넓적한 원숭이로, 크게 출렁이는 파도로, 꼬리를 살랑거리는 양으로.

며칠 후 초여름 어느 주말, 시원한 아파트 필로티에 돗자리를 깔아두고 동네 친구들과 함께 놀았다. 엄마들이 앉아 있는 돗자리를 기지 삼아 단지를 휘저으며 놀던 아이들은, 수시로 그늘을 찾아 모여든다. 동네 북클럽 선생님이라도 된 것처럼, 희한한 모양을 그린 종이 한 장씩을 나눠주며 셰이프 게임을 시켜보았다. 여섯 살 아이들은 게임 규칙을 이해하기 어려운지 이내 그리고 싶은 그림을 그리며 놀았다. 처음에 조금 멈칫하던 아홉 살 아이들은 종이 위에 마음껏 마법을 부려댔다. 가져간 종이를 거의 다 쓰고서야 아이들은 돗자리 밖으로 뛰어나갔다. 다음에 또 그려주세요, 하는 말을 남기며.

너희의 마음을 이렇게 쉽게 열어주는 걸 보면, 그림책은 정말 쉬운 책인 것도 같아. 그런데 감정을 살려 제대로 읽어주기엔 참 어려운 책인 것도 같고. 쉽다 어렵다는 어른들의 판단이지, 너희는 매료되어 퐁당 빠질 수 있느냐 없느냐로 좋은 책을 가늠하겠지? 그러니 흠뻑 빠져 즐길 수 있다면 더 바랄 게 없겠어. 그러길 바라며 엄마는 오늘도 그림책을 읽어주고, 너희가 말할 때까지 기다려주고, 함께 그림을 그려줄게. 동네 친구들과 그렇게 놀 기회가 또 생긴다면, 그 기회도 놓치지 않아볼게.

읽고 묻고
답하고
자란다

1학년 2학기 어느 주말, 첫째가 다니는 초등학교에서 일일 가족 독서 프로그램이 열렸다. 가족들이 모두 참여하는 자리라 하여 함께 즐기는 프로그램을 기대했는데 아쉽게도 좋아하는 책을 골라 아이 혼자 독서록을 쓰는 행사였다. 넓은 학교 도서관을 서성이던 첫째가 그림책 『짧은 귀 토끼』를 골라 왔다. 집에 있지만 자주 읽던 책은 아니라 약간 의외였다.

　　다른 토끼들과 달리 귀가 짧고 둥글고 토실한 동동이는, 귀를 늘이기 위해 온갖 작전을 쓴다. 채소도 열심히 먹고 귀에 물도 줘보고 집게로 집어 늘여도 보지만, 귀는 도무지 길어질 기미가 없다. 속상해서 한참을 울던 동동이는 세상에서 제일 길고 멋진 귀를 만들겠다는 일념으로 '토끼 귀' 빵을 만들어 붙인다. 하지만 의기양양한 것도 잠시, 동동이를 잡아먹으려던 독수리가 귀를 낚아채고 만다. 다행히 귀 모양 빵이 부러지면서 동동이는 간신히 목숨을 건진다. 뜻밖의 반전, 아기 독수리가 귀 모양 빵을 먹고는 맛에 반해버린다. 동동이는 재주를 살려 빵집 주인이 되었다는 따뜻한 이야기.

　　다시 한 번 책을 읽은 첫째는 순식간에 독서록을 써냈다. 그런데 독서록에서 "그런데 동동이는 왜 귀에 신경을 많이 쓸까? 나는 짧은 귀여도 좋다"라고 쓴 마지막 문장을 보고는 멈칫하여 아이에게 질문을 던졌다.

　　"세연아, 동동이가 왜 이렇게 신경 쓰는지 잘 모르겠어?"

　　"응, 귀 좀 짧으면 어때? 나 같으면 상관없을 거 같은데."

　　"아, 그래? 그럼 세연이는 귀가 좀 길어도 괜찮겠네?"

이 말을 듣는 순간 생글생글 웃고 있던 첫째의 표정이 싹 바뀌었다. 무슨 말도 안 되는 소리냐는 얼굴이었다.

"아니, 그건…… 안 될 거 같은데?"

"동동이가 왜 신경 쓰는지 모르겠다며."

"아…… 싫을 거 같아. 창피할 거 같아."

"그럼 동동이 마음이 조금 이해 가?"

"…… 응."

아주 어릴 때 아이들은 책 속의 세계와 자신의 세계를 크게 구분하지 않았다. 현실과 상상을 손쉽게 넘나들기 때문에, 손쉽게 주인공의 감정에 이입하고 온 마음을 쏟아붓는다. 첫째가 『숲 속으로』 주인공의 감정에 이입해 긴장했다가 환하게 웃음을 터트렸던 것처럼, 둘째가 『달님 안녕』의 구름 뒤 달님에 빙의해 한껏 찡그렸다가 웃었다 했던 것처럼.

첫째아이가 상상의 세계에서 조금씩 멀어지는구나, 하고 느낀 것은 아이 여덟 살 무렵이었다. 물론 여전히 산타 할아버지를 믿고 아빠가 들려주는 상상 이야기에도 귀를 기울이지만, 천방지축으로 상상 세계를 지어내는 둘째에게 면박을 주곤 하는 것이다. "다 거짓말이잖아, 그런 게 세상에 어디 있어." 여덟 살에 현실감각 장착이라니. 아니, 어쩌면 요즘 아이들에 비하면 오히려 좀 늦은 것일 수도 있다.

상상 세계에서 한 걸음씩 걸어 나오면서, 책 속 주인공이 머무는 시공간에서 첫째가 분리되는 것이 느껴졌다. 좋게 말하면 내가 직간접으로 경험한 이야기가 아니더라도, 내가 주인공의 감정에 몰입할 수 있는 내용이 아니더라도 읽어낼 수 있는 역량을 갖추는 것이다. 그렇지만 책 속으로 깊숙이 들어가는 지도를 조금씩 잃어버리고 있는 것처럼 보이기도 했다. 책은 책, 나는 나. 책 속에서 일어나는 일은 나와는 큰 관련 없어. 책은 여전히 즐긴다 해도, 한 발만 슬쩍 담근 방관자가 될 수도 있는 것이다.

아이들만 그런 것은 아니다. 이런 방식으로 책을 보는 어른들도 많다. 책을 좋아한다고는 하지만 겉핥기로 읽는, 그래서 책을 덮으면 나와 타인의 상황에 대입해볼 생각은 하지 못하는 이들, 그래서 책 읽기가 어떠한 변화로 이어지지 않는 이들. 나는 그렇지 않다고 자신 있게 말할 수 있는가? 아이가 계속 책을 읽기를 소망하지만, 책의 세계를 힐끔거리기만 하는 걸 원하는 것은 아니었다.

촘촘히 지어 올린 말의 집

사실 가족 독서 프로그램이 열릴 때쯤, 나는 아이 독서의 새로운 차원을 고민하고 있었다. 첫째가 읽는 책이 그림책에서 문고 형태의 동화책으로 조금씩 넘어가면서, 내가 내용을 다 모르는 책이 늘어났다. 내 책 읽고 둘째 책 읽어주기에도 충분히 바빴다. 내용을 잘 모른 채로 제목과 표지가 재밌어 보여 사준 책도 있었고, 추천글이나 수상 내역에 의존하는 경우도 많았다. 첫째가 먼저 읽고 재미있다 권하면 그제야 읽어보는 책들도 있었다. 그래서 이때쯤 '나는 이제 이 아이의 책 읽기에서 해줄 일이 없으니 물러나야 하는 걸까' 생각했다. 이래저래 고민이 많았다.

그러다 첫째와 학교 도서관에서 나눴던 대화를 곱씹어보면서, 내가 할 일이 없지는 않을 거라 생각했다. 아이가 책 밖에서 방관자로 삐뚜름히 서지 않도록, 책 속 주인공과 아이가 계속 연결될 수 있도록 도와주는 일은 할 수 있겠다 싶었다. 그 일에 이름을 붙인다면 아마 '공감 활동'이 되지 않을까. 나에 비추어 너를 이해하고, 너로 인하여 내가 넓어지는 일.

> 작품 속 인물이 지금 어떤 기분일지 자연스럽게 상상하게 만드는 힘을 지닌 좋은 예술에 스스로를 지속적으로 노출하는 게 도움이 될 것입니다. 책을 읽을 때도 단순히 '재미있다', '없다'의 표피적인 인상에 머무르지 말고 그 작품이 나의 공감 감수성을 얼마나 자극했는지 생각해보는 방법도 있죠. (중략) 공감 능력은 다른 사람의 마음 상태를 상상하는 능력입니다.
> —최혜진, 『유럽의 그림책 작가들에게 묻다』 중 올리비에 탈레크 인터뷰

그래서 아이가 책을 덮을 때 틈을 보아 슬쩍 질문을 던지곤 했다. 어릴 때는 질문을 해도 "재밌었어", "그냥" 하고 말더니, 이제는 제법 컸다고 엄마와 대화가 가능해졌다. 예를 들어 유설화 작가의 그림책 『잘했어, 쌍둥이 장갑!』을 읽은 날은 이런 질문을 던져보았다. 재미있었는지, 제일 재미있는 장면은

무엇이었는지, 어떤 장갑 친구가 가장 마음에 드는지, 누가 자신과 가장 닮았는지, 장갑과 닮은 반 친구들이 있는지, 쌍둥이 장갑 같은 친구를 어떻게 생각하는지.

첫째는 나름대로 분석을 하면서, 또 학교생활 1년간 접한 사례를 들어가며 대답을 이어갔다. 장갑 친구들이 그냥 책 속 장갑 캐릭터에 그치는 것은 아니구나. 나랑 닮은 녀석도 있고 우리 반 최고의 장난꾸러기도 있구나. 이런 방법 말고 저런 방법도 있겠구나. 질문과 대답이 오가는 사이에 아이의 생각은 조금씩 깊어지고 넓어졌다.

"나는 친구가 많으니까 고무장갑이랑 제일 닮았어. 그리고 엄마, 이렇게 다른 친구들이 모여서 지내는 게 난 좋아. 왜냐하면 특별한 친구를 사귈 수 있으니까."

아, 너는 네가 이런 말을 했다는 것을 금세 잊고 말겠지. 하지만 엄마는 그러지 못할 거야. 네 마음에 반했거든. 아이와 대화하다 보면, 가끔 그렇게 별 같은 순간들이 새겨진다. 자연스러워서 아이는 오히려 모르는, 오직 어른들만이 알아차릴 수 있는 반짝이 스티커. 불 꺼진 방 같은 내 마음에, 야광 반짝이 스티커가 하나둘 붙여진다.

아이가 술술 답을 잘하는 날은 질문이 여러 개로 이어지고, 그렇지 않은 날은 별점 매기는 정도로 끝이 난다. 중요한 것은 틈이다, 틈. 아이를 잘 살피다가 책을 덮고 쉬는 틈을 슬쩍 비집고 들어가는 거다. 책을 다 읽을 때마다 매번 큰길을 내어 밀어붙이려 들면 아이는 저만치 도망가고 말 것이다. 아이와 책을 두고 대화를 나누는 이유는 함께 넓어지기 위해서지 아이를 좁은 구석에 몰아넣기 위해서가 아니다. 그걸 자주 떠올려야 한다.

아이의 대답이 신통찮을 때도 있고 아이가 잘 모르겠다며 난감해할 때도 있다. 내용을 확인하는 질문은 하지 않는다. 재미있었는지(제일 중요하다!), 어떤 느낌이 들었는지, 너라면 어떨 거 같은지, 비슷한 사람이나 사건을 겪어본 적이 있는지 등등, 아이의 현실에 책의 내용을 비추어보게 하는 질문을 던진다. 질문만 해서는 안 된다. 내 이야기보따리도 슬쩍슬쩍 풀어놓아야 한다. 어릴 적 경험담도 섞어가면서.

그조차도 어려워할 때는 굳이 질문하지 않는다. 모든 책을 두고 질문과 답을 해야 할 의무는 없으니까. 가끔은 아이에게 주도권을 넘기기도 한다. "엄마가 친구 아이한테 보내려고 하는데, 좋은 책 추천 좀 해줄래?" 혹은 "이번 달에 읽은 것 중에 친구한테 선물하고 싶은 책 있어?" 하고 질문을 던진다. 정답을 확인받는 듯한 부담감에서 벗어난 아이는 제 마음을 고스란히 담은 책을 추천한다. 이유를 물어도 술술 대답이 나온다. 그 책들은 아이에게 진짜배기니까.

아이가 '책 속 이야기는 그저 책 속 이야기일 뿐'이라고 생각하지 않도록 질문을 던지고 비슷한 상황에 놓였던 내 어릴 적 이야기를 들려주는 일은 내가 충분히 할 수 있는 일 아닌가. 더 이상 책을 다 읽어줄 수도, 다 골라줄 수도 없는, 나의 열 살 아이에게.

그러기 위해서는 언제든 말을 주고받을 자세를 갖추는 것이 우선이다. 평소에 대화도 않던 사이에 책을 덮을 때마다 질문을 던지면, 부모가 던지는 책 질문들은 죄다 확인이고 불편한 것일 수밖에 없다. 공부의 연장으로 여겨지기 십상이다. 닫힌 마음이 책 앞이라고 바로 열릴 리가 없다.

평소에 아이의 말을 귀 기울여 듣기, 아이가 질문했을 때 적절히 대답하고 다시 되물어주기, 아주 작은 것에도 고맙다 인사하고 잘한다 칭찬해주기. 사실 책읽기보다 우선해야 하는 것은 그런 작은 말들의 집을 차근차근 튼튼하게 지어 올리는 것이다. 튼튼하게 지어진 말의 집이 있어야, 다시 평수를 넓히고 층수를 올릴 수 있다. 아이를 키운 10년 동안 내가 나 자신에게 유일하게 열심히 했다고 칭찬해줄 만한 일은 이거 하나 아닌가 싶다.

아이가 미운 밤에는

"작가님은 아이한테 욕심나는 거 없으세요?"

출판사 대표님과 카페에서 이야기를 나누다 이런 질문을 받았다. 책읽기의 교육적 측면보다 정서적 측면을 강조하다 보니 욕심이 없어 보였나 보다. 하지만 자식에게 욕심이 없는 부모가 어디 있을까. 학예발표회 가보면 우리 애가 춤을 제일 잘 추는 것 같고, 상담 시간에 선생님들이 아이 칭찬을 조금이라도 해주면 입이 헤벌쭉 벌어지는 게 나란 사람이다. 아이들이 세상에서 제 몫을 하며 살았으면 좋겠고, 충분히 사랑하고 사랑받는 사람이 되었으면 좋겠고, 영민하면서도 따뜻한 사람으로 살아갔으면 좋겠다.

이런 먼 미래의 두루뭉술한 욕심 말고 지금의 욕망에 좀 솔직해져볼까. 학업 부담은 적게 주고 대신 책은 원하는 만큼 읽어줬으니, 앞으로도 아이들이 책을 오래도록 친구로 삼았으면 좋겠다. 책을 통해 취향을 확장하고 생각 주머니도 키우고, 이왕이면 글쓰기나 말하기 같은 자기표현도 잘했으면 좋겠다. 따로 안 가르쳐도 자연스레 잘하게 되면 더 좋고.

하지만 아이가 내 욕심만큼 따라오는 것 같지 않아 보일 때면, 검은 도마뱀 같은 욕심이 스멀스멀 올라온다. 한번 자라나기 시작한 도마뱀 꼬리는 끝을 모르고 길어진다. 도마뱀 꼬리가 자꾸 자라서 괴롭고, 내 안에 도마뱀이 산다는 것을 자꾸 부정하고 싶어 괴롭고, 부정할 수 없어 더 괴로워진다.

첫째가 초등학교에 들어간 이후 드디어 내 마음에도 변화의 바람이 불었다. 입학 전까지야 '오직 (현재에) 충실하고 (미래에) 게으르게'라는 자세로 함께 책을 읽었고, 독후 활동도 특별히 하지 않았다. 하지만 첫째가 초등학생이 되자, '이제는 뭘 더 해줘야 하지 않나' 하는 조급함이 밀려왔다. 부모로 살면서 아이에 대해 느끼는 조급함과 불안감은, 하늘의 달처럼 주기적으로 차고 이지러졌다. 불안감에 대처하는 나만의 태도를 갖추기란 진실로 어려운 일이다.

입학하고 몇 달이 지나 첫째에게 책으로 대화를 나누고 표현해보자고 제안했다. 아이 친구들과 독서 모임을 꾸려보고 싶었지만, 처음 하는 일에 자신이 없어 그냥 모녀 둘이서 시작해보았다. 야심차게 '꽃 한 권'이라는 이름도 지어주었다. 주제를 잡아 두 권 정도 그림책을 읽어주고 글쓰기, 그림 그리기, 조약돌로 표현하기 등 간단한 독후 활동도 했다. 말로는 다 드러내지 않던 아이의 생각을 가까이서 들여다볼 수 있어서 즐거웠다.

하지만 이 수업은 넉 달을 넘기지 못했다. 아이가 자발적으로 시작한 활동이 아니다 보니 처음엔 흥미로워했지만 계속 동기부여 하기가 쉽지 않았다. 혼자 수업하니 다른 친구들과 교류하며 사고가 확장되는 경험을 하기도 어려웠다. 둘째까지 데리고 수업을 하자 조금 더 재미있긴 했지만, 수업 내용을 첫째에게 맞출 수가 없었다. 내가 바빠지면서 수업 준비에 소홀해지자, '꽃 한 권' 수업은 바로 흐지부지되고 말았다.

아이의 시간은 나중에야 찾아왔다. 당시 매일 그림책 일기를 쓰는 나를 보고, 아홉 살이 된 첫째가 자기도 독서 일기를 쓰고 싶다고 말했다. 옳다구나 하고 함께 문방구에 갔다. 석 달 동안 이틀에 한번꼴로 아이는 독서록을 썼다. 제일 재미있었던 장면을 쓰고, 자기라면 어떻게 했을지에 대해서도 쓰고, 주인공에게 편지를 쓰기도 했다. 아이의 글은 딱 아이 같았다. 밝고 구김살 없고 낙천적이었다.

일기든 독서록이든 글을 매일 쓰기란 무척 힘들다. 글감을 고르고 느낌을 더듬고 손으로 연필을 놀려 문장을 적어내려 가는 일에는 많은 에너지가 든다. 나도 '아, 오늘은 안 쓰고 쉬고 싶다'는 마음과 싸우며 일기를 쓴 날이 하루 이틀이 아니다. 그러니 아홉 살 아이가 석 달 동안 일주일에 서너 편씩 꾸준히 글을 쓴 것은 정말 칭찬할 만한 일이다.

그런데 엄마 욕심이란 그런 게 아니었다. 독서록을 쓰기 시작한 지 두 달쯤 되었을 무렵, 첫째가 써온 독서록을 보다가 화가 치밀어 올랐다. 일주일 전쯤부터 기미가 보였지만 바로 말하지 않고 참았던 터다. 빨리 끝내고 놀고 싶은 마음에 아무 말이나 의식의 흐름대로 휘갈겨놓은 게 빤히 보였다. 주인공에게 쓴 편지글 여덟 문장 중 다섯 문장("아니 뭐 그건 중요한 게 아니야." "그냥 써본 말이야." 등)은 그저 분량 채우기에 불과했다.

아마 '쓰기 싫다'는 마음이 아이 목까지 차오른 날이었을 것이다. 그렇지만 나도 참을 수가 없었다. 일주일 동안, 아니 어쩌면 한동안 눌러왔던 화가 한꺼번에 터져 나왔다. 아이는 수학, 영어, 한자 공부, 독서록 쓰기, 이른바 '학습'에는 한 시간 남짓을 쓰고 종일 노는 데 힘썼다. 오전 온라인 학습 끝나고 나가 놀고, 오후 숙제 끝나고 나가 놀고, 날 좋은 여름밤에는 저녁 먹고 나가서도 노는 아이였다. 나도 친구들과 어울려 실컷 놀아라, 하는 마음이라 뭐라 한 적은 없었다.

그런데 아이는 놀아도 놀아도 허기가 지는 모양이었다. 서너 살 때 보던 뽀로로의 〈노는 게 제일 좋아〉 주제가는 아홉 살 때도 주제가 자리에서 내려오지 않았다. 공부를 너무 안 시켜서 오래 앉아 있는 버릇을 안 들여놓은 탓일까. 다른 집 애들은 어떻게 두세 시간씩 학원에서 엉덩이 붙이고 공부를 하지? 다 합쳐 하루 한 시간조차 집중을 못 하나. 처음에는 신이 나서 독서록 쓰던 아이가 벌써 싫증을 내면 어떡하나. 다른 공부 덜 하면 독서록이라도 열심히 써야 하지 않나? 오만 가지 생각이 머리를 어지럽혔다.

하필 그날따라 둘째가 내 화에 불을 지폈다. 들고 다니던 인형이 안 보인다며 터뜨리는 둘째의 울음소리에 내 감정의 둑마저 터졌다. 첫째에 대한 실망감과 둘째에 대한 짜증이 겹쳐, 밤마다 읽어주던 책이고 이야기고 다 건너뛰어 버렸다.

"오늘은 너희 둘이 자! 너한테는 정말 실망이고, 너한테는 정말 짜증나. 엄마 오늘은 너희 재워주고 싶지 않아."

아이들 방문을 쾅 닫고 나오는데 마음속이 진흙탕이었다. 불안감과 욕심과 화, 미안함과 죄책감과 실망감이 뒤범벅되었다. 한번 소용돌이친 마음은 한참이 지나도록 잘 가라앉지 않았다. 나의 엄마 그릇은 딱 요만큼인데, 아이를 둘이나 낳은 것마저 욕심이었을까.

욕심의 꼬리를 잘라내려면

다음 날 이른 아침 남편을 챙겨 보낸 후 다시 누웠더니, 한참 아이들이 부스럭대는 소리가 들린다. 얼마 후 "엄마, 나와 봐. 엄마가 좋아할 거야"라며 나를 부른다. 장난감과 종이 쪼가리로 어질러져 있던 거실을 둘이서 싹 치워놓은 것이다. 아이고, 고맙고 기쁘면서도 마냥 기뻐지지가 않았다. 해와 먹구름이 한 하늘에 동시에 떠 있는 것만 같았다. 고마워, 힘없이 인사하고는 다시 방으로 들어가 버렸다.

그림책 『엄마가 미운 밤』에는 자기들을 혼내는 엄마가 미워 불퉁하게 입이 나온 세 꼬마 동물이 등장한다. 벽에 낙서를 하고 깡통을 걷어차며 짓궂은 장난을 치는 꼬마 동물들. 자기 마음도 몰라주는 엄마 흉을 보면서 꼬마들은 끓는 감정을 달랜다. 그렇게 마냥 신이 날 것만 같았는데…… 엄마가 아이에게 자장가를 불러주는 다른 집 풍경을 보자, 꼬마 동물들은 이내 엄마가 그리워져 집으로 돌아간다. 모두들 엄마 품에서 다정히 잠들며 그림책은 끝이 난다.

그 밤 우리 아이들은 어디에서 잠들었을까. 아이가 미운 밤에 엄마는 어떻게 해야 할까. 문득 그런 밤이 찾아올 때 마음이 길을 잃는다. 잠자리에 들면서 책을 안 읽고 건너뛰는 일은 우리 집에서는 드물다. 하지만 그런 밤에는 아이와 눈을 마주칠 수도, 책을 읽어줄 수도 없었다. 읽어주는 글머리에 들어설 때마다 내 모서리가 더 뾰족해질 것만 같아 도망가고 만다. 모서리가 거듭거듭 너를, 그리고 나를 상처 입히기 전에.

일찍 잠자리에 들거나 음악을 크게 틀어놓기도 하지만, 그래도 진흙탕으로 변한 마음이 쉽게 맑아지지는 않는다. 막상 다음 날 아침 아이들을 보면 전날 일을 다 잊은 것 같은데, 내 마음만 그렇게 시리고 쓰렸다. 그렇게까지 화내진 말고 재워줄걸 하는 마음과, 꼴도 보기 싫은 마음이 정리되지 않은 채 엉켜 있었다.

생각해보면 그렇게 진득하게 달라붙어 있는 진흙이나 날카롭게 벼려져 있는 모서리들은, 다 아이에 대한 내 욕심이다. 내가 너한테 요구하는 것은 이뿐이잖아. 그러면 이건 잘해야지. 더 잘했으면, 이왕이면 알아서 잘했으면, 날 좀 편안하게 해줬으면, 아니 날 좀 뿌듯하게 해줬으면, 했으면, 했으면……

화내는 나를 하루 이틀 멀리서 두고 바라봐야, 내 안의 도마뱀 꼬리를 조금이나마 잘라낼 분별력이 생긴다. 그건 네 욕심이야, 아이는 아이의 속도대로 잘 크고 있잖아. 어제의 아이보다 충분히 더 잘해냈잖아, 좀 더 부드럽게 이야기해줄 수 있었잖아.

그런데 꼭 아이에게 한번 화를 내야만 욕심의 꼬리를 잘라낼 수 있는 내가 부끄럽다. 더 성숙한 사람이 될 수는 없나? 하루아침에 될 일이 아니다 싶다가도, 애초에 가능한 일이긴 한가 싶다. 아이 키우면서 욕심을 내지 않는다면 열반의 경지에 다다른 거 아니냐고. 부모의 욕심 덕에 야무지고 똘똘하게 자라난 아이들은 또 얼마나 많은지. 불안하고 짜증나고 그러다 아이가 미워지는 밤들이 주기적으로 찾아와 나를 갉아먹는다.

성장하려면 부모도 아이도 욕심을 내야 하는 순간이 있다. 하지만 아이가 매일 글을 쓰는 것이 나의 욕심이고 이 때문에 아이가 미워진다면, 우리에게는 다른 길이 필요했다. 아홉 살이 다 지날 무렵 아이와 나는 의논한 끝에 일주일에 한두 번 글을 쓰기로 했다. 독서록, 일기, 관찰일기, 형태는 다양하다. 부담이 줄다 보니 아이의 글은 훨씬 솔직하고 재미있어졌다. 지금은 매일 읽고 꾸준히 쓰는 것만으로도 어여뻐 보인다. 지금껏 책 읽는 즐거움을 간직하는 게 어디야, 솔직하게 자기 마음을 표현할 줄 아는 게 어디야, 이만큼이나 문장을 이어갈 수 있는 게 어디야.

그러면서도 이 욕심의 꼬리가 언제 또 자라, 다시 아이가 미워질지 모르겠다. 부모가 된다는 것은 이렇게 반복되는 수련 과정을 견디는 일이라는 걸, 참 오래도 몰랐다. 대체 나는 언제쯤 더 너그럽고 현명한 엄마가 되려나. 아이와 잘 멀어진다는 건 내 욕심과 멀어진다는 뜻일 텐데, 이별의 순간마다 왜 이리 구차하게만 구는지…….

좋은 어른이 되고 싶어

아이들이 아파트 단지 안 어린이집을 다니고 집 근처 초등학교에 진학하다 보니, 이제는 동네에 아는 친구가 참 많다. 코로나 사태를 그나마 수월히 넘기고 있는 것도 다 동네 친구들 덕이다. 온라인 수업이 끝난 후 놀이터에 나가면 다행히 한두 명은 아는 친구가 있었다. 마스크는 벗을 수 없지만, 함께 있다는 사실만으로도 아이들은 여느 때처럼 맑고 통통한 웃음을 지을 줄 알았다.

휴대전화가 없는 것은 문제도 아니었다. 아이들은 도토리 모아 오듯 부지런히도 약속을 그러모았다. 서로의 집에 인터폰을 하고, 초인종을 누르고, 창문에 대고 큰 소리로 친구의 이름을 불렀다. 이 친구들 너무 고전적인걸? "세연아~!", "정연아!" 하루가 멀다 하고 들려오는 아이들 외침이 생경하면서도 정다웠다. "저녁 먹으러 와!"라며 엄마들이 하나둘 부를 때까지 놀이터에 모여 놀던 어린 내가, 아이들 놀이터로 팔랑팔랑 소환되곤 했다.

노는 아이들 곁에 엄마들도 삼삼오오 모여 앉았다. 그리고 오래 내버려둬 잔뜩 구겨진 마음을 함께 다렸다. 보육기관과 교육기관 대신 주양육자들이 아이 돌봄을 전담하는 현실을 누구도 알아주지 않던 외로운 시절이었다. 코로나로 학교에 못 가는 아이들에 대해서는 다들 안쓰러워했지만, 엄마의 무한 돌봄에 대해서는 냉담하게 굴었다. "자기 애 자기가 보면서 왜 투정이야? 그럴 거면 낳지를 말든가" 같은 폭력적인 말들에 마음 솔기가 쉽게 터졌다.

어디 가지도 못하고 누구를 만나지도 못해서 어른과 말할 기회를 잃어버린 봄, 여름 그리고 가을. 단지 안 놀이터는 엄마들에게 몇 안 되는 숨길이었다. 코로나와 계절과 아이와 학교와 집 이야기로 말길이 트이다 보면, 메말랐던 엄마들의 얼굴도 금세 팽팽해졌다. 특별한 이야깃거리가 있다기보다 대화할 상대에 목이 말랐던 것이다.

그렇게 모여 앉아 이야기를 나누다, 급할 땐 한 사람씩 돌아가며 볼일을 봤다. 세탁물을 찾아오고, 저녁거리 장을 보고, 긴급 돌봄센터에서 첫째를 데려오고. 조금씩 자기 품을 다른 아이에게 내주고, 우리 아이도 다른 엄마 품을 잠시 빌렸다. "엄마!" 대신 "이모!", "누구 엄마!"를 번갈아 찾는 아이들 덕에, 까칠하기만 한 엄마에서 친절하기도 한 이모로 승격될 수 있었다. 농촌에서 노동의 품을 나누는 '품앗이'를 하듯, 우리들도 엄마의 품을 나누는 '품앗이'를 하며 터널 끝의 빛을 기다렸다.

바로 옆집과 윗집에 둘째 친구들이 산다. 아기 때부터 봤는데 벌써 일곱 살이 되었다. 어린이집을 계속 같이 다니는 데다 자주 마주치다 보니 아빠들끼리도 다 아는 사이이다. 세 집 식구들 모두 모이면 이제는 열 살부터 네 살까지 아이들 여섯에 어른 여섯이라 북적북적하다. 주말에 놀이터 나가 놀다 보면 한 집 두 집 어른들도 모여들고, 날씨가 좋으면 돗자리 깔고 함께 점심을 먹는 일도 잦았다. 몸으로 뛰며 놀아주는 아저씨가 있었고, 장난을 거는 아줌마도 있었다. 나는, 가끔 그림책을 읽어주는 아줌마였다.

돗자리에 점심을 차리는 동안 아이들을 모아놓고 그림책을 읽어주었다. 그날의 그림책은 김지안 작가의 『내 멋대로 슈크림빵』이었다. 슈크림이 똑 떨어졌다는 이유로 쓰레기통에 버려진 다섯 개의 빵이, 슈크림을 찾아 제 속에 넣고 빵집에 돌아가겠다고 결심하며 그림책은 시작된다. 슈크림이라는 달콤한 소재에 만화 형식의 아기자기하고 귀여운 그림이 곁들여져, 아이들의 두 눈은 이미 반짝이기 시작했다.

빵들의 여정은 순탄치 않다. 추위에 오들오들 떨고 참새 부리에 쪼여 찢어지기도 한다. 하지만 따뜻한 집을 박차고 나가본 이들만이, 평소에 당연하다 여겨진 것들에 질문을 던진다. 왜 꼭 슈크림이어야 하지? 난 단걸 좋아하지도 않는데? 그런데 슈크림은 어떻게 생겼어? 꼭 빵집으로 돌아가야만 하는 걸까? 길 위에서 떠오른 질문을 오독오독 씹어 먹으며, 슈크림 빵은 내 멋대로 빵으로 다시 태어난다.

이야기에 집중해 반짝이는 눈동자 열두 개를 바라보며 생각한다. 너희도 언젠가는 너희의 슈크림을 찾으러 떠나겠지. 하지만 슈크림 찾는 일이 쉽지는 않을 거야. 사실은 슈크림이 뭔지, 꼭 슈크림이어야 하는지, 내가 슈크림을 좋아하는지조차도 알 수 없을 테고. 아장아장 걸을 때부터 봐온 너희가 속을 찾아가는 과정을 곁에서 지켜보는 어른이 될 수 있으면 참 좋겠는데, 그건 가능한 꿈일까? 우리의 인연은 어디까지 이어질까?

빠르게 바뀌는 세상 속 불가능한 꿈일지라도, 이웃집 아이들에게 해주고 싶은 말을 그림책에 기대어 건넨다. 무엇이든 네가 좋아하는 것을 찾기를 기도한다고, 찾기 위해서는 길 위에 서봐야 한다고, 두렵더라도 경험해보아야 한다고. 책 내용은 몇 달 후면 아이들 기억 속에서 가물가물하다 사라질지도 모른다. 그러나 이야기에 실린 나의 축원만은 아이들 살갗에 눈송이처럼 닿아 녹아들기를. 어쩌면, 제 엄마가 아니기에 더 담백하고 진실하게 축원할 수 있을지도 모르겠다.

너희는 어떻게 알아? 좋아하는 게 뭔지, 좋아하는 게 어디에 있는지?
먹다 보니 알게 됐다냥. 하다 보면 뭐가 좋은지 알 수 있다냥.

— 김지안, 『내 멋대로 슈크림빵』

온기도 품앗이가 필요해

아이들이 제일 먼저 그리고 가장 자주 만나는 어른은 부모다. 부모가 아이에게 미치는 영향력은 어마어마하지만, 시간이 지날수록 다양한 어른들이 아이의 세계에 등장한다. 부모 대신 조부모나 육아 도우미가 주양육자 역할을 맡는 경우도 많다. 보육기관이나 학교에 가면 선생님과 많은 시간을 보낸다. 친구 엄마, 이웃집 할머니, 학원 선생님, 문방구 사장님, 대부와 대모, 꽃집 사장님, 의사 선생님, 도서관 사서 선생님……. 관계의 확장은 세상의 온기를 담게도 하고 세상의 냉기를 겪게도 한다.

동네 아이들에게 가끔 그림책을 읽어주거나, 친구 집에 특별한 일 없어도 책 선물을 하는 것은 미약하나마 세상의 온기를 주는 쪽이겠지. 큰 준비가 필요한 일은 아니다. 용기가 조금 필요할 뿐이다. 내가 잘하는 일로 아이들에게 다가가고, 내가 잘 못하는 일은 다른 어른들이 품을 내어주면 된다. 핼러윈 파티에 초대하거나 길고양이 돌보는 법을 가르쳐주거나 잘못 날아온 축구공을 호쾌하게 차주면서. 어른들이 건넨 작은 호의가 아이들 안에 축적되면, 호의는 다른 길로 더 뻗어갈 수 있다.

겉으로 다정하게 구는 것이 다 온기는 아니다. 아이가 작은 생명을 괴롭히거나 타인이 싫다고 한 행동을 반복할 때, 이를 제지하지 않고 교육하지 않는 것은 분명히 냉기다. 하지만 어른들이 점점 더 입을 다문다. 나 하나 감당하기도 벅차고, 돌아올 말이 두렵기 때문이다. 냉담해져가는 사회에서 아이들은 무엇이 잘못된 줄도 모르고 큰다. 나만 편안하면 그만이지, 하고 생각하고 만다. 그러나 남 없이 나만 따뜻한 세상이란 없다. 우리 아이가 따뜻하고 편안하려면 다른 아이도 따뜻하고 편안해야 한다. 어른이라면, 우리 아이에게 나눠 줄 온기 말고도, 세상 아이들에게 나눠 줄 온기를 반드시 비축해두어야 한다.

한때는 우리 집 아이들에게 많은 것이 되어주고 싶었다. 엄마이자 언니, 선생님이자 상담자, 그리고 책 벗이 되고 싶었다. 가능한 줄 알았다. 첫째가 글을 읽고 쓰게 되면서 초등논술 지도사 수업을 듣고 관련 책들도 꾸준히 찾아 읽었다. 자매들에게 글 쓰는 법을 일러주며 함께 글을 쓰고 싶었기 때문이다. 아직 어린 우리 아이들은 내게 보여주는 글에도 주저 없이 솔직한 감정을 담아낸다. 나도 아이의 글을 진심으로 즐기고 이해하며 읽는다.

하지만 이제는 안다. 내가 엄마이자 선생님일 수 있는 시간은 얼마 남지 않았음을. 내가 그 모든 것이 되는 건 가당치도 않은 일임을. 좋은 엄마라도 되면 참 다행이라는 사실을. 아이가 마음에 비밀 다락방을 짓기 시작하면, 언니도 선생님도 상담자도 글쓰기 교사도 모두 내 몫이 아니다. 아이가 제 마음을 온전히 고스란히 드러내야 하는데, 엄마 앞에서 가능한 일이겠는가.

혼자 견디며 혹은 친구들과 수다를 떨며, 아이들은 제 부모에게 내보일 수 없는 마음들을 달래고 다스릴 것이다. 그러다 가끔 다정한 어른의 손을 잡고 시린 냇물을 훌쩍 뛰어 건널 수 있다면 좋겠다. 그런 대상이 너무 촘촘하게 엮인 가족이나 또래와는 다른, 조금은 거리가 있어 더 편안한 관계를 맺을 수 있는 어른이면 좋으리라. 내 아이들이 나에게 절반의 마음만을 터놓을 때, 남은 절반의 마음에 조언이나 위로를 보태줄 어른들이 곁에 있었으면 한다. 그리고 내가 가정에서 다 가르쳐줄 수 없는 세상을 바깥에서 일러줄 어른들이 있었으면 한다. 모르는 것은 일러주고 부족한 게 있으면 채울 때까지 기다려주고 잘못된 것은 지적해주는, 온기를 지닌 어른들이.

그러니 나도 다른 아이들이 부모와 나눌 수 없는 절반의 마음을 터놓을 어른이 되고 싶다. 재미있게 그림책을 읽어주거나, 나 어릴 적 비밀을 슬쩍 들려주며 토닥이거나, 좋아할 법한 책을 슬쩍 선물해주면서. 자신과 주변을 소중히 하지 않는 마음에 대해서는 때론 따끔하게 말할 줄도 알아야지. 건강한 부모가 되고자 들이는 수고의 반의반만이라도 들여서 좋은 어른이 될 수 있도록 노력해야지. 세상의 자식 농사에는 모든 어른들의 품앗이가 필요하다.

이야기에 깃든 사랑

"엄마, 내가 왜 토끼를 좋아하는지 알아?"(첫째)

"음, 예뻐서? 귀여워서?"(나)

"엄마가 내 꿈 꿀 때 토끼가 나왔다고 했잖아. 그래서 좋아."(첫째)

"엄마! 내 꿈에는 뭐 나왔어?"(둘째)

"넓은 바다에 시커멓고 엄청 큰 고래 떼가 보였어. 열 마리도 넘었어. 바다 한가운데 지어진 호텔 창 너머로 보는데, 우와 소리가 절로 나왔어."(나)

우리 집 자매들은 자기에게 얽힌 옛이야기 듣기를 좋아한다. 듣는 내내 행복해한다. 자기가 모르는 어린 시절이 있을 뿐 아니라 그걸 기억해주는 사람이 있다는 게 신기한 모양이다. 그래서 두 아이 갖기 전 꿨던 태몽, 태명을 짓게 된 과정, 태어나 아이를 만난 바로 그 순간의 느낌도 여러 차례 들려주었다. 아기 때 저지른 온갖 사고들도 한 번 듣고 나면 "엄마, 그 얘기 또 해줘"라며 불쑥 청해왔다.

이야기 어느 시점에 누가 어떻게 등장할지 다 알면서도, 아이들은 마치 처음 듣는 양 눈을 반짝이며 듣는다. 수없이 들어 다 외울 지경인 이야기를 왜 또 듣겠다고 조르는 걸까. 이 이야기들이 대체 너희에게 무슨 의미가 있기에. 겨울 문틈 사이로 스며드는 볕뉘? 투명하게 부풀어 날아가다 이내 터져버리는 비눗방울? 책상에 드리워졌다 사라졌다를 반복하는 나무 그림자? 아롱거리고 아른대다 그저 사라지고 말 기억들을 붙들어 품고 싶은 원초적인 욕망일까.

어릴 적 나도 엄마가 꿨던 태몽을 들은 적이 있다. 또렷하게 기억이 난다. 어부가 잡은 커다란 잉어를 엄마가 사와서, 해가 떠오르는 붉은 바다에 놓아주는 꿈이었단다. 그래서일까, 가끔 외롭고 힘들 때 엄마가 들려준 이야기의 한 장면을 떠올리곤 한다. 지금 해가 떠오르는 저 바다 끝으로 가고 있는 거야, 열심히 헤엄치고 있는 거야, 닿을지 안 닿을지 모르지만 적어도 해는 떠오른다잖아. 수영도 못 하는 내가, 그 순간만은 붉은 물결 넘실대는 바다 건너 세상 끝까지라도 갈 수 있을 것만 같았다.

이야기에 대해 생각하던 즈음, 우연히 유튜브에서 실 잣는 영상을 보았다. 물레 혹은 가락바퀴를 돌려, 목화솜에서 길고 고르고 튼튼한 실을 뽑아내는 능숙한 손길에 눈이 이끌렸다. 한 사람이 간직한 최초의 기억들은 어마어마하게 쌓여 있는 목화솜 뭉치라는 생각을 한다. 개인이 앞으로 무수히 써내려갈 신화의 원재료.

그래서 가만히 상상한다. 부모가 인생 최초의 탄생 신화를 들려줄 때 아이의 머리와 마음속에서 어떤 일이 어떻게 벌어지는지를. 그때 아이는 산처럼 쌓여 있는 목화솜을 손질하여 씨를 앗고 물레를 돌려 실을 자아낼 것이다. 수면 아래 잠겨 있는 기억이라는 원재료에서 굵고 탄탄한 실을 뽑아내는 작업. 듣는 경험이 반복될수록 실은 길어지고 꼬임은 더 탄탄해지겠지. 내가 이 세상에 어떻게 오게 되었는지, 내가 알지 못하는 순간에도 얼마나 깊이 사랑받았는지, 곁을 지키던 눈길이 얼마나 따뜻했는지를 두 번 세 번 듣고 경험하는 과정이니까.

목화솜이 실과 천과 옷이 되기 위해서는 더 많은 시간과 공을 들여야 한다. 아이들은 최초의 기억에서 뽑아낸 실을 염색하고 직조하여 자신만의 무늬를 넣은 천을 만들어갈 것이다. 삶이 수십 겹의 천을 덧대는 과정이라면, 이 최초의 기억은 분명 맨 아래 깔려 탄탄하게 지탱해주는 기본 캔버스가 될 것이다.

『거미 엄마, 마망』은 조형 예술가 루이스 부르주아의 일생을 다룬 인물 그림책이다. 볼로냐 라가치상 예술상을 수상할 만큼 아름다운 글과 그림의 강물에 누워, 읽는 내내 둥둥 떠내려가게 된다. 루이스의 가족은 태피스트리 복원 일을 해왔다. 어머니는 루이스에게 실과 천에 대한 모든 것을 일러주는 따뜻한 친구였다. 훗날 어머니를 잃은 루이스는, 실을 뽑아 거미줄을 수선하는 거미에게서 닳고 해진 것을 고치던 어머니의 모습을 발견한다. 그녀는 일평생 간직한 천을 조각낸 다음 다시 기운다. 그리고 실, 천, 철사, 청동 등 다양한 재료로 크고 작은 거미를 수놓고 엮고 만든다.

어머니는 루이스에게 단순히 낡은 천을 수선하는 법을 가르쳐준 게 아니다. 어머니의 가르침 속에서 루이스는 이야기 세계를 구축하는 법을 배운다. 실을 뽑고 천을 짜서 옷을 짓는 과정은, 글감을 뽑고 얼개를 짜서 이야기를 짓는 과정과 꼭 닮았으니까. 어머니와 유년과 실이라는 최초의 기억은 작가의 작품 세계를 구성하는 소재이자 재료, 원천이 된다.

우리 아이들은 지금 삶의 베틀에 날실을 걸거나 뜨개코를 잡는 일을 이제 막 배우고 있을 것이다. 나는 아이들이 겪은 최초의 사건과 이야기를 들려주며 목화솜을 내어준다. 나아가 다른 작가들이 펼쳐놓은 이야기를 들려주면 목화솜은 더 풍성해진다. 그러면 너희는 계속 실을 잣고 염색하고 천을 짜고…… 그렇게 너의 이야기를 짓게 되겠지. 부모가 주는 목화솜보다 네가 목화를 직접 길러 딴 솜이 훨씬 많아지는 날도 금방 다가올 테고.

인생 초입의 기억이 아름답지 않다고 평생 아름다운 무늬를 짤 수 없는 것은 아니다. 반대로 첫 기억이 아름답다고 해서 평생의 무늬가 꼭 아름다운 것도 아닐 터다. 그래도 아이들에게 줄 수 있는 가장 밑바탕이 되는 거라면, 기왕이면 굵고 튼튼한 실을 주고 싶은 마음이다. 미숙하고 불안한 엄마이지만 너희를 기쁘게 기다렸고 열심히 바라보았다고 말해주고 싶어. 그러니 내 품에 있는 지금만은, 사랑의 기억으로 네 첫 이야기를 짜도록 도와주고 싶어.

흘러넘치는 것, 흘러가는 것을 붙들기 위해

그렇게 이야기의 실타래가 쌓이다 보면, 아이도 자신의 이야기를 풀어내고 싶은 날이 온다. 아이들이 무한히 반복하는 역할 놀이도 어찌 보면 일종의 이야기다. 아이는 서툴지만 대본을 쓰는 거다. 첫째가 다섯 살이 될 때까지, 입에서 단내가 나도록 인형 놀이를 같이 했다. 뽀로로와 옥토넛과 곰돌이와 토끼들과 얼마나 멀리 모험을 떠나고 얼마나 많은 성을 쌓았다 허물었는지.

미안하지만 둘째에게는 그만큼 못 해줬다. 역할 놀이의 '역' 자만 들어도 토악질이 날 것 같아서. 다행히 지금껏 첫째가 나 대신 둘째의 다정한 역할 놀이 상대가 되어준다. 엄마와는 다른 재미를 선사하는 아빠와도 꾸준히 역할 놀이를 했다. 비슷한 구조가 반복되는 이야기라 해도 여기에 푹 젖는 경험은 자기 이야기를 만들어갈 초기의 동력이 된다.

손에 힘이 생긴 다음부터 아이들은 본격적으로 이야기를 창조하고 보관한다. 크레파스나 색연필 하나만 쥐여주면 이야기보따리를 풀 준비가 모두 끝난 셈이다. 좋아하는 색으로 엉망으로 칠할 줄만 알던 아이가 어느새 관찰을 하고 형태를 그리고 꼼꼼히 색을 칠한다. 글자를 배우면 창작의 매체가 하나 더 늘어난다. 말로 툭툭 내뱉어 흩어지던 상상의 세계들이 단어와 문장에 실려 종이에 고정된다. 누구에게 보여주기 위해서가 아니라, 이야기가 차고 넘쳐 저절로 몸 밖으로 흘러나온다.

나도 누군가와 소통할 요량으로 글을 쓰지만, 그와 무관한 글도 많이 쓴다. 일정한 형식 없는 짤막한 글들이 일기장 가득 어지러이 널려 있다. 앞뒤도 안 맞는 감정의 편린들이 글감으로 변해 결국에는 세상 밖으로 나올지 안 나올지는 아무도 모른다. 다만 바람처럼 스쳐가는 감정과 내 안에 머무는 또 다른 '나들'을, 이야기 속에 붙들어둔다. 삶에서 가장 소중하고 즐겁고 신나고 슬프고 화나는 것들이 덧없이 희미해지지 않도록, 내 삶의 다른 무늬를 짤 실타래가 될 수 있도록.

아이들마다 선호하는 재료, 매체, 소재는 달랐다. 첫째는 그림을 많이 그린 편은 아니었지만, 글을 배우고 나더니 만화를 계속 그렸다. 첫째가 사랑하는 친구와 고양이로 가득한 만화였다. 반면 둘째는 그림만으로도 많은 이야기를 할 수 있는 아이다. 뭐든 언니를 따라 하고 싶어 애쓰는 아이가, 그림이라는 언어만 있으면 비로소 언니의 그늘을 벗어나 독자적인 창작자가 된다.

"엄마, 내가 만든 건데 왜 이렇게 재미있지?"

언젠가 자기가 그린 만화책을 읽던 첫째가 키득키득 웃으며 말했다. 순진무구한 아홉 살 아이의 말에 덩달아 크게 웃었다. 사실 첫째의 만화책은 엄마의 눈에 좀 맹숭맹숭하다. 기승전결이 분명하지 않고, 친구와 놀고 먹는 아주 소소한 일상들이 펼쳐진다. 채색 없이 연필로만 그리고, 그림 선도 단순하다. 낙천적이고 평화를 사랑하는 첫째의 성격을 쏙 빼닮았다.

그렇지만 아이가 자기 작품과 사랑에 빠진 모습은 어여뻤다. 자신이 창작한 이야기이든 실제 삶으로 만들어가는 이야기이든, 자신의 이야기를 사랑하기란 정말 쉽지 않은 일이니까. 결국 우리를 움직이는 원동력은 사랑일까? 누군가는 사랑이 넘쳐 이야기를 짓고 누군가는 사랑이 모자라 이야기를 짓는다. 물려받은 사랑이든 자신이 키운 사랑이든, 자기 자신을 보듬을 줄 아는 사랑을 꽃피우기 위해, 한 사람의 이야기는 글로 그림으로 삶으로 계속 이어진다.

앞으로 너희가 만들어갈 무수한 이야기에 웃어주고 공감해주고 바라봐줄 수 있는 사람이 되고 싶다. 아닌 건 아니라고도 말할 줄 아는 사람이 되고도 싶다. 서로의 이야기에 기꺼이 마음 기울일 줄 아는 독자와 작가, 또 작가와 독자가 될 수 있기를 간절히 빌어본다.

그러려면 나부터 내 이야기를 잘 쓰고 사랑할 줄 알아야겠지. 지나간 이야기에는 후회하지 않고 다가올 이야기는 간절히 기다려볼게. 너희의 이야기를 재미있게 읽기 전에, 엄마도 엄마답게 잘 살고 잘 쓰고 잘 성장해볼게. 사랑이 사랑으로 계속 잇닿아 자라기 위해서는 무엇보다 그게 우선일 거야.

이 책에 소개된 책

그림책

1부

『알도』, 존 버닝햄 글 그림, 이주령 옮김, 시공사, 1996.
『잘 가, 나의 비밀친구』, 그웬 스트라우스 글 · 앤서니 브라운 그림, 김혜진 옮김, 웅진주니어, 2007.
『내 친구 월터』, 안나 워커 글 그림, 김경연 옮김, JEI재능교육, 2019.
『엄마가 된다는 건 뭘까?』, 우치다 린타로 글 · 나카무라 에쓰코 그림, 김지연 옮김, 책과콩나무, 2010.
『나는 기다립니다』, 다비드 칼리 글 · 세르주 블로크 그림, 안수연 옮김, 문학동네, 2007.
『엄마 마중』, 이태준 글 · 김동성 그림, 한길사, 2004.
『도서관에서 만나요』, 가제키 가즈히토 글 · 오키다 치아키 그림, 김소연 옮김, 천개의바람, 2015.
『열까지 세면 엄마가 올까?』, 마루야마 아야코 글 그림, 엄혜숙 옮김, 나는별, 2015.
『아치야, 생일 축하해』, 기요노 사치코 글 그림, 고향옥 옮김, 비룡소, 2010.
『EQ의 천재들』, 로저 하그리브스 & 아담 하그리브스 글 그림, 박인용 번역 · 감수, 무지개, 2016.
『내 머릿속에는 음악이 살아요!』, 수잰 슬레이드 글 · 스테이시 이너스트 그림, 황유진 옮김, 책속물고기, 2017.
『엄마 사슴』, 공광규 글 · 이여희 그림, 바우솔, 2020.

2부

『바바파파』, 아네트 티종 & 탈루스 테일러 글 그림, 김현재 옮김, 연두비, 2017.
『100층짜리 집』, 이와이 도시오 글 그림, 김숙 옮김, 북뱅크, 2009.
『판다 목욕탕』, 투페라 투페라 글 그림, 김효묵 옮김, 노란우산, 2014.
『우리는 친구』, 앤서니 브라운 글 그림, 장미란 옮김, 웅진주니어, 2008.
『기분을 말해 봐!』, 앤서니 브라운 글 그림, 홍연미 옮김, 웅진주니어, 2017.
『터널』, 앤서니 브라운 글 그림, 장미란 옮김, 논장, 2002.
『숲 속으로』, 앤서니 브라운 글 그림, 허은미 옮김, 베틀북, 2004.
『달님, 안녕』, 하야시 아키코 글 그림, 한림출판사, 1990.
『다다다 다른 별 학교』, 윤진현 글 그림, 천개의바람, 2018.
『내 친구 보푸리』, 다카하시 노조미 글 그림, 이순영 옮김, 북극곰, 2014.
『내 토끼 어디있어?』, 모 윌렘스 글 그림, 정회성 옮김, 살림출판사, 2008.
『내 사랑 뿌뿌』, 케빈 행크스 글 그림, 이경혜 옮김, 비룡소, 1996.
『동생이 생긴 너에게』, 카사이 신페이 글·이세 히데코 그림, 황진희 옮김, 천개의바람, 2018.
『장수탕 선녀님』, 백희나 글 그림, 책읽는곰, 2012.
『알사탕』, 백희나 글 그림, 책읽는곰, 2017.
『이상한 엄마』, 백희나 글 그림, 책읽는곰, 2016.
『다음엔 너야』, 에른스트 얀들 글·노르만 융에 그림, 박상순 옮김, 비룡소, 2001.
『돌멩이도 춤을 추어요』, 힐데 하이두크 후트 글 그림, 김재혁 옮김, 보림, 2000.
『고래나라』, 장수명 글·김품창 그림, 마주보기, 2013.
『변비책』, 천미진 글·이지은 그림, 키즈엠, 2017.
『감기책』, 천미진 글·이지은 그림, 키즈엠, 2015.
『텔레비전책』, 천미진 글··이지은 그림, 키즈엠, 2017.
『김수한무 거북이와 두루미 삼천갑자 동방삭』, 소중애 글·이승현 그림, 비룡소, 2013.
『하늘을 나는 사자』, 사노 요코 글 그림, 황진희 옮김, 천개의바람, 2018.
『강아지똥』, 권정생 글·정승각 그림, 길벗어린이, 2012.
『엄마, 있잖아』, 구자선 글 그림, VCR, 2018.
『내가 엄마를 골랐어!』, 노부미 글 그림, 황진희 옮김, 위즈덤하우스, 2018.
『산타 할아버지』, 레이먼드 브릭스 글 그림, 박상희 옮김, 비룡소, 1995.
『메롱 크리스마스!』, 스테파니 블레이크 글 그림, 김영신 옮김, 한울림어린이, 2012.
『산타 할아버지는 알고 계신대!』, 리차드 커티스 글·레베카 콥 그림, 최용은 옮김, 키즈엠, 2012.
『내가 나를 골랐어!』, 노부미 글 그림, 황진희 옮김, 위즈덤하우스, 2020.

3부

『소피가 화나면, 정말 정말 화나면』, 몰리 뱅 글 그림, 박수현 옮김, 책읽는곰, 2013.
『책읽기가 즐거운 101가지 이유』, 라주아드리르 편집부 글·기욤 롱 그림, 강인경 옮김, 미디어창비, 2016.
『나의 영원한 세 친구』, 헬메 하이네 글 그림, 황영숙 옮김, 혜문서관, 2009.

『메두사 엄마』, 키티 크라우더 글 그림, 김영미 옮김, 논장, 2018.
『배꼽 구멍』, 하세가와 요시후미 글 그림, 고향옥 옮김, 비룡소, 2011.
『내 발밑에서』, 에마뉘엘 우세 글 그림, 이정주 옮김, 베틀북, 2018.
『안녕, 나의 보물들』, 제인 고드윈 글·안나 워커 그림, 신수진 옮김, 모래알: 키다리, 2020.
『앵두』, 문명예 글 그림, JEI재능교육, 2016.
『무릎딱지』, 샤를로트 문드리크 글·올리비에 탈레크 그림, 이경혜 옮김, 한울림어린이, 2010.
『보고 싶은 엄마』, 레베카 콥 글 그림, 이상희 옮김, 상상스쿨, 2011.
『잘 가, 작은 새: 세상에서 가장 아름다운 장례식』, 마거릿 와이즈 브라운 글·크리스티안 로빈슨 그림, 이정훈 옮김, 북뱅크, 2017.
『강아지 하늘나라』, 신시아 라이랜트 글 그림, 고정아 옮김, 삼성출판사, 2003.
『두 사람』, 이보나 흐미엘레프스카 글 그림, 이지원 옮김, 사계절출판사, 2008.
『장수탕 선녀님』, 백희나 글 그림, 책읽는곰, 2012.
『알사탕』, 백희나 글 그림, 책읽는곰, 2017.
『달 샤베트』, 백희나 글 그림, 책읽는곰, 2014.
『우리는 언제나 다시 만나』, 윤여림 글·안녕달 그림, 위즈덤하우스, 2017.

4부

『아름다운 실수』, 코리나 루켄 글 그림, 김세실 옮김, 나는별, 2018.

『(와작와작 꿀꺽) 책 먹는 아이』, 올리버 제퍼스 글 그림, 유경희 옮김, 주니어김영사, 2007.
『할머니가 선물한 마지막 단어』, 니콜라 후페르츠 글·엘자 클레버 그림, 이은주 옮김, 느림보, 2019.
『달팽이 학교』, 이정록 글·주리 그림, 바우솔: 풀과바람, 2017.
『아빠와 피자 놀이』, 윌리엄 스타이그 글 그림, 김경미 옮김, 비룡소, 2018.
『우리는 벌거숭이 화가』, 문승연 글·이수지 그림, 길벗어린이, 2011.
『산딸기 크림봉봉』, 에밀리 젠킨스 글·소피 블랙올 그림, 길상효 옮김, 씨드북, 2016.
『이게 정말 나일까?』, 요시타케 신스케 글 그림, 김소연 옮김, 주니어김영사, 2015.
『바나나!』, 베르나르두 카르발류 글 그림, 박명숙 옮김, 로그프레스, 2019.
『(앤서니 브라운의) 행복한 미술관』, 앤서니 브라운 글 그림, 서애경 옮김, 웅진주니어, 2004.
『공원에서 일어난 이야기』, 앤서니 브라운 글 그림, 김향금 옮김, 삼성출판사, 2016.
『짧은 귀 토끼』, 다원시 글·탕탕 그림, 심윤섭 옮김, 고래이야기, 2020.
『숲 속으로』, 앤서니 브라운 글 그림, 허은미 옮김, 베틀북, 2004.
『달님 안녕』, 하야시 아키코 글 그림, 한림출판사, 1990.
『잘했어, 쌍둥이 장갑!』, 유설화 글 그림, 책읽는곰, 2019.
『엄마가 미운 밤』, 타카도노 호코 글·오카모토 준 그림, 김소연 옮김, 천개의바람, 2017.
『내 멋대로 슈크림빵』, 김지안 글 그림, 웅진주니어, 2020.
『거미 엄마, 마망』, 에이미 노브스키 글·이자벨 아르스노 그림, 길상효 옮김, 씨드북, 2017.

단행본

『유럽의 그림책 작가들에게 묻다』, 최혜진, 은행나무, 2016.
『도서관의 말들』, 강민선, 유유, 2019.
『어린이와 그림책』, 마쓰이 다다시, 이상금 엮음, 샘터사, 2003.
『우리 아이 괜찮아요』, 서천석, 위즈덤하우스, 2014.
『나의 작은 화판』, 권윤덕, 돌베개, 2020.
『그림책 쓰는 법』, 엘렌 E.M. 로버츠, 김정 옮김, 문학동네, 2002.
『좋은 그림책의 기본』, 권승희, 미진사, 2015.

부록

아이와
꾸준히
책을 읽기 위해
필요한 것

첫째도 둘째도 책을 싫어하지는 않지만 특별히 좋아하는 아이라 생각하지는 않는다. 앉은 자리에서 몇 권씩 읽어내는 진득한 날들과, 하루 한두 권 간신히 읽고 넘어가는 팔랑팔랑한 날들이 반복되니 말이다. 독서는 친구들과 뛰어 놀기, 만화 그리기, 종이 접기, 만들기, 인형 놀이 등 아이의 여러 취미 생활 중 한 자리를 차지할 뿐이다.

지금도 책을 싫어하지 않고 자발적으로 읽는다. 집에 재미있는 책이 많고, 텔레비전 만화 이외에는 영상물을 많이 보지 않으니 그럴 것이다. 코로나로 집에 갇혀 있으니 시간도 넘쳐난다. 그렇다고 책읽기를 가장 즐기는 책벌레들은 아니다. 우리 집과 비슷한 환경에서 자란 아이들이라면 비슷하게 책을 읽을 거라고 생각한다.

고만고만하게 책을 접하고 좋아하던 유치원 시절에서 벗어나, 초등학교 입학 후 아이들의 독서 경험은 점점 달라진다. 자발적으로 책 읽는 아이들이 급격히 줄어든다. 그나마 읽는 책을 살펴보면 대부분 학습 만화다. 집 앞 작은 도서관에서도 초등학생들이 방학 동안 책 읽는 풍경을 자주 보는데, 대부분 학습 만화를 읽고 있었다. 이야기책을 읽고 있는 친구를 찾기는 쉽지 않았다. 중학년으로 넘어가면서 대부분의 시간은 공부에 몰두하고, 남는 시간은 영상물을 보거나 게임을 한다. 그 사이에서 책이 선택받을 수 있는 기회는 점점 드물어진다.

책 읽는 아이들 사진을 보고 "연꽃 자매는 어쩜 그렇게 책을 많이 읽어요?"라고 물어보는 이들이 많다. 그러나 우리 집 아이들은 많이 읽는다기보다는 그저 꾸준히 읽어온 아이들이다. 그나마 꾸준히 읽는 아이로 남기까지는 몇 가지 노력이 필요했다.

들려주고 읽어주는 시간의 축적

일단 들려주기의 시간이 길었다. 두 아이 모두에게 어릴 때부터 몇 년씩 그림책을 읽어주었다. 첫째가 한글을 읽을 줄 알게 되었을 때도 계속 읽어주었다. 제법 읽기 독립이 된 후에도 그림책 한두 권은 꼭 읽어주었고, 등장인물의 대화 부분은 나누어 읽었다. 지식책은 읽어주고 설명하는 방식으로 조금씩 함께 보았다. 한글을 잘 읽는 둘째에게도 여태 그림책을 읽어준다.

꼭 그림책을 읽어줄 필요는 없다. 잠들기 전 옛이야기나 우리 신화, 유럽 민담을 들려주기도 했다. 잠자리에 들기 직전 침대에서 듣는 오래된 이야기는 아이들을 아득한 꿈의 세계로 이끌어준다. 최근에는 『아홉 살 마음 사전』 시리즈를 두세 쪽씩 읽어주며, 단어를 넣은 문장 만들기를 함께하고 있다. 이야기 듣는 즐거움을 충분히 경험하도록 도와주면 아이들이 독서를 지속하는 데 든든한 밑바탕이 된다.

과한 미디어 자극의 차단

학습 만화, 아이들 수준에 맞지 않는 텔레비전 프로그램, 휴대전화 동영상과 게임 등 과한 미디어 자극은 피해왔다. 우리 어릴 적에도 분명 학습 만화가 있었는데, 나도 다 읽고 컸는데 왜 그리 호들갑이냐고, 보면서 뭐라도 배우면 좋은 거 아니냐고 할 수도 있다. 하지만 요즘 아이들이 읽는 학습 만화를 보면 마치 예능 프로그램을 보는 느낌이다. 예능 자막처럼 짧고 자극적인 대사, 웃음을 유발하려는 과장된 몸짓, 부실한 서사에 꽉꽉 눌러 담은 지식. 남는 것은 웃기는 대사 몇 마디와 지식의 부스러기들이다.

사실 학습 만화 자체의 자극보다도, 학습 만화에만 빠져들게 하는 구조가 더 큰 문제라고 생각한다. 아이 일곱 살만 되어도 조급한 부모들은 아이 수준과 취향에 맞는 책보다 초등 학습에 도움이 될 만한 책을 읽히려 든다. 심지어는 한글을 갓 뗀 아이들에게 그걸 '혼자' 읽으라고 한다. 이제 그 정도는 할 줄 알아야 한다며 아이를 다그친다. 읽기가 아직 서툰 아이들은 글줄 많고 어려운 책을 혼자 읽기 벅차, 금세 흥미를 잃어버린다.

그렇게 아이가 점점 책을 읽지 않으면 부모들은 불안해진다. 학습 만화라도 보면 좀 낫지 않을까. '그래 이거라도 봐라, 안 보는 것보다는 낫겠지, 지식 쌓는 데 도움이라도 되겠지, 이거 읽다 보면 다른 책도 좀 읽겠지…….' 하지만 긴 글을 읽는 훈련이 찬찬히 되어 있지 않은 아이들이 책으로 돌아오기란 쉽지 않다.

'모바일 미디어나 동영상 콘텐츠를 어떻게 다룰 것인가.' 이에 대한 의견도 분분하다. 매체가 지속적으로 변화하고 있는 현실을 인정하고, 아이들이 지혜롭고 현명하게 볼 수 있도록 훈련하는 것이 중요하다는 의견도 많다. 하지만 너무 어린 시절부터 과도한 시청각 자극에 노출시키는 것에 나는 반대한다. 요즘 우리가 흔히 소비하는 영상 미디어는 기존의 텔레비전 프로그램이나 영화에 비해 호흡이 무척 짧고 추천 알고리즘이 정교하다. 이야기를 접하는 호흡이 짧아지다 보면 기다리는 힘을 기를 수가 없고 더한 자극을 찾아 쉽게 떠나간다. 화려한 광고나 유머를 가장한 차별적 발언들 때문에, 아이들이 과장과 비교와 차별에 너무 빨리 익숙해지는 것도 문제다. '지혜롭고 현명하게'를 훈련하기에는 영상 미디어의 중독성이 어마어마하다.

영상 매체나 학습 만화가 무조건 나쁘다는 것은 아니다. 어른이 관심을 가지고 함께 본다면 얼마든지 효율적으로 활용할 수 있다. 다만 이야기의 세계를 만나는 다양한 방법 가운데 책을 통한 접근은 매우 느리고 심심한 대신 문자 해석, 이해, 유추 같은 읽기 역량을 복합적으로 발달시킨다. 과도한 시청각 자극은 이런 훈련의 기회를 애초부터 박탈한다는 게 문제다. 다양한 층위의 이야기에 접근하는 훈련이 필요하고, 이를 위해서는 최소한 초등학교 저학년까지는 부모와 어른들이 미디어 자극을 적절히 통제하는 편이 낫다고 생각한다.

꾸준한 관심

나는 책읽기는 즐거운 일이라는 걸 직간접으로 일러주기

위해 꾸준히 관심을 보였다. 우선 아이 수준과 취향에 맞는 책을 골라주기 위해 노력했다. 아이에게 그림책 읽어주는 시간은 지속적으로 아이를 관찰하는 시간이기도 했다. 이런 소재나 구조의 책을 좋아하는구나, 이제는 이런 내용에 관심이 없구나, 이 작가랑 합이 잘 맞는구나. 아이의 변화를 눈여겨보았다가 좋아할 만한 책들을 꾸준히 구입했다.

첫째 초등학교 입학 이후에는 그림책에서 문고책으로 넘어갈 수 있도록 신경 써서 책을 골랐다. 출판사마다 6~8세 어린이들을 대상으로 글줄 적은 문고책들이 나온다. 사계절의 '웃는 코끼리', 비룡소의 '난 책읽기가 좋아', 시공주니어의 '문고 1단계', 창비의 '첫 읽기책', 천개의바람의 '학교종이 땡땡땡' 등을 훑으며 글이 적고 취향에 맞을 법한 책을 골라 건넸다. 책 분량을 늘리는 데는 『루루와 라라』, 『모르티나』, 『이상한 과자 가게 전천당』 같은 시리즈물의 도움을 많이 받았다. 주인공의 성격과 등장인물의 관계, 배경을 1권에서 대부분 파악하기 때문에, 이후 독서에서는 그에 드는 품을 절약할 수 있다.

아이가 책을 읽거나 놀 때 옆에서 내 책을 읽고 그림책을 필사하고 그림책 일기를 쓰기도 했다. 사실 이건 아이들을 위한 일은 아니고, 나를 위한 일이었다. 그런데 엄마가 뭐하는지를 항상 궁금해하는 아이들은, 관심을 보이다 필사도 일기 쓰기도 따라 했다. 첫째는 여덟 살 때 필사를 좋아했고 둘째는 여섯 살 때 그림책에 나오는 그림을 한창 모사했다. 그림책을 보다 적극적으로 읽는 일은 때로 힘들었지만 즐거운 추억을 낳았고, 우리 사이를 돈독하게 엮어주었다.

*

　학교 입학 전후와 상관없이 독서는 여전히 '즐거운 일'이 되어야 한다. 즐거움이 뒷받침되어야 세상에 대한 호기심을 잃지 않고, 책을 통해 즐거움과 호기심을 충족시키려는 노력을 자발적으로 이어갈 수 있다. 책이 지식과 감성으로 통하는 단 하나의 길은 아닐지라도, 최소한 아이들이 그 길을 자기 두 발로 뚜벅뚜벅 걸어는 보았으면 한다. 이야기를 적극적으로 경험하는 동안 아이들의 머리는 자유로워지고 심장은 보다 튼튼해질 테니까.

　설렁설렁 읽어주라는 말이, 아무런 공을 들이지 않아도 된다는 말은 아니다. 아이에게 이야기를 들려주고, 또 이야기를 들어도 주고, 서가를 꾸며주고, 기다려주는 노력은 분명 필요하다. 예전에 비해 책 읽어내는 수준이 한참 떨어졌다고 야단치기 전에, 요즘 아이들이 처한 환경을 살펴보고 부예진 창을 닦아주어야 한다. 창문 너머 뻗은 책의 숲길이 조금 더 잘 보일 수 있도록.

어떤 그림책을
읽으면 좋을까

아이들에게 가장 좋은 책은 '아이가 좋아하는 책'이다. 아이가 오로지 공룡책만, 공주책만 읽는다고 걱정하는 경우가 많다. 하지만 아이들이 흥미로워하는 분야에서 출발하면 책이 '진짜 재미있는 것'이 된다. 더 좋은 것은 '부모와 즐겁게 읽는 것'이다. 좋은 책을 선별하는 안목도 중요하지만, 아이와 상호작용하며 즐겁고 따뜻한 시간을 만드는 것이야말로 가장 중요하다고 생각한다. 몰입하여 읽어주기, 아이의 이야기를 잘 들어주기.

많은 그림책이 쏟아져 나오다 보니, 그림책을 고를 때 상당히 부담스럽다는 부모님들을 많이 만났다. 그래서 몇 가지 기준을 제안하니, 아이의 취향과 흥미에 맞춰 책 목록을 확장하는 데 도움이 되기를 바란다.(소개하는 책에 전집은 포함하지 않았으며, 모두 단행본이다.)

재미있고 흥미로운 그림책

요즘 아이들은 능동적으로 몰입하는 경험을 하기가 쉽지 않다. 다양한 체험을 해보라며 아이들을 여기저기 데려가지만, 정해진 시간 내에 이미 준비된 재료로 결과물을 만들어내는 데 치중한다. 몰입할 시간이 없는 것도 문제다. 다섯 살만 넘어가도 많은 아이들이 이미 바쁘다. 진득하니 머물며 관찰하고 즐기고 상상할 수 있는 기회가 별로 없다.

그림책을 읽을 때 아이의 눈과 귀와 머리는 함께 움직인다. 이야기를 귀 기울여 듣고 그림은 자세히 보아야 한다. 두

가지 정보를 한데 통합해야 하기 때문에 머리도 바쁘게 돌아간다. 짧은 시간이라도 능동적으로 이야기에 몰입하는 경험이 오래 쌓이면서, 모르는 사이 오래 머무르는 힘을 기른다.

이를 위해서는 일단 그림책은 '재미있고 흥미로워야' 한다. 아이들에게 재미란 예선전과 같다. 어른들은 의미가 있으면 조금 재미가 없어도 참고 보지만, 아이들은 다르다. 재미가 없으면(마음이 동하지 않으면) 다 소용이 없다. 일단 예선전을 통과하려면 책 속에서 즐겁게 놀 수 있는 힘이 필요하다. 마음이 동하고 행복해져 자꾸만 보고 싶게 만드는 힘은 아무 책에나 있는 게 아니다. 유아기에서 초등 저학년 동안 책을 읽으며 행복한 기억이 많을수록 책 경험을 오래 이어갈 수 있다.

읽고 나면 반드시 몸놀이를 하고 싶어지는

『아빠와 피자 놀이』 / 윌리엄 스타이그 글 그림, 비룡소.

하나의 사물에서 변용되는 상상력이 놀라운

『문제가 생겼어요!』 / 이보나 흐미엘레프스카 글 그림, 논장.

판다의 진짜 정체를 밝히는 반전의 묘미

『판다 목욕탕』 / 투페라 투페라 글 그림, 노란우산.

모든 말에 '구마'를 붙여 말하고 싶어지는

『고구마구마』 / 사이다 글 그림, 반달.

강아지의 진짜 이름은?

『안 돼!』 / 마르타 알테스 글 그림, 북극곰.

압축적인 글과 그림의 통합이 주는 즐거움

『모모모모모』 / 밤코 글 그림, 향.

아이와 '몸으로 말해요' 놀이를 하게 되는

『뭐든 될 수 있어』 / 요시타케 신스케 글 그림, 위즈덤하우스.

어른들은 찔리고 아이들은 통쾌한

『아빠한테 물어보렴』 / 다비드 칼리 글 · 노에미 볼라 그림, 책빛.

상호작용 속에 터지는 웃음

『나는 오, 너는 아!』 / 존 케인 글 그림, 북극곰.

이파라파냐무냐무, 도대체 무슨 뜻이야?

『이파라파냐무냐무』 / 이지은 글 그림, 사계절.

반복되는 구조에서 얻는 재미와 안정감

『깜박깜박 도깨비』 / 권문희 글 그림, 사계절.

성역할에 갇히지 않아 유쾌하고 통쾌한

『똥자루 굴러간다』 / 김윤정 글 그림, 국민서관.

봐도 봐도 볼거리가 계속 나오는

『모두 모두 한 집에 살아요』 / 마리안느 뒤비크 글 그림, 고래뱃속.

옛이야기 속 이렇게 멋진 할머니 만나본 적 있어?

『팥빙수의 전설』 / 이지은 글 그림, 웅진주니어.

두부와 호박과 감자는 모두 어디로 가는 걸까?

『된장찌개』 / 천미진 글 · 강은옥 그림, 키즈엠.

고르고 찾는 재미가 솔솔

『어떤 목욕탕이 좋아?』 / 스즈키 노리타케 글 그림, 노란우산.

한 입만 달라는 얄미운 티라노사우르스에게 복수를!

『한 입만』 / 경혜원 글 그림, 한림출판사.

바닷가에서 벌어지는 환상적인 모험

『모래 언덕에서의 특별한 모험』 / 막스 뒤코스 글 그림, 국민서관.

글 없이 발자국 그림만으로도 이야기를 만들 수 있어

『발자국을 따라가 볼까요?』 / 제르다 뮐러 글 그림, 파랑새어린이.

잘라낸 크리스마스트리는 어느 집까지 갈까?
『커다란 크리스마스트리가 있었는데』 / 로버트 배리 글 그림, 길벗어린이.

긍정적 자아상과 세계상을 만들어주는 그림책

일찍부터 지나치게 무거운 과업에 시달리는 아이들이 많다. 수를 배우고 한글을 떼고 외국어를 배우고……. 아이의 성장은 기쁜 일이지만, 어릴 때 진정 배워야 할 것들도 제대로 배우고 있는지 점검해보아야 한다. 자유롭게 놀며 표현할 수 있는 법, 자연의 변화에 감탄하는 법, 친구와 어울리는 법. 이런 배움 없이 이르게 경쟁에만 내몰리면 자신을 지킬 무기가 없어 스트레스 지수만 높아지기 쉽다. 자신을 사랑할 힘을 잃고 부모와 세상에 대한 신뢰를 잃는다.

그림책은 울고 웃는 평범한 아이들을 다루면서, '특별하게 잘나지 않아도 너는 사랑받을 만한 아이'라고 일러준다. 그리고 주인공이 겪는 위기와 갈등이 마침내 해소되는 이야기 구조를 통해, '어떤 일이 있더라도 너는 안전할 것'이라며 다독여준다. 아직 자신과 세상을 바라보는 시각이 다 형성되지 않은 채로 아이들은 그림책을 접한다. 그러니 존재의 특별함과 세상의 따뜻함을 거듭거듭 일깨워주어, 긍정적인 자아상과 세계상을 만드는 데 도움을 주는 그림책을 권한다.

모기에 잘 물리는 것도 특별함이 될 수 있어
『세상에서 하나뿐인 특별한 나』 / 모리 에도 글 · 스기야마 가나요 그림, 주니어김영사.

언제 어떤 씨앗이 싹을 틔울지는 아무도 몰라
『씨앗 100개가 어디로 갔을까』 / 이자벨 미뇨스 마르틴스 글 · 야라 코누 그림, 토토북.

아주 작아도 근사한 존재
『완두』 / 다비드 칼리 글 · 세바스티앙 무랭 그림, 진선아이.

실수는 다른 문을 열어주는 기회
『아름다운 실수』 / 코리나 루켄 글 그림, 나는별.

우리 모두는 다른 별에서 와서 특별한 존재
『다다다 다른 별 학교』 / 윤진현 글 그림, 천개의바람.

세상은 용기 있는 이의 편
『용감한 아이린』 / 윌리엄 스타이그 글 그림, 비룡소.

내가 느낀 대로 그려도 충분히 아름다워
『느끼는 대로』 / 피터 레이놀즈 글 그림, 문학동네.

펭귄은 하늘이 아니라 바다에서 날 수 있어

『나는 날 수 있어!』 / 피피 쿠오 글 그림, 보림.

속 빈 빵들의 자아 찾기 프로젝트

『내 멋대로 슈크림빵』 / 김지안 글 그림, 웅진주니어.

약점을 가리기보단 강점을 근사하게

『나보다 멋진 새 있어?』 / 매리언 듀카스 글 그림, 국민서관.

엄마에게 와준 것만으로도 너는 특별하고 고마운 존재야

『내가 엄마를 골랐어!』 / 노부미 글 그림, 위즈덤하우스.

바라보는 마음에 따라 세상은 아직 괜찮은 곳이 되지

『야호! 비다』 / 린다 애쉬먼 글 · 크리스티안 로빈슨 그림, 그림책공작소.

내 몸 내 마음 그대로 아름다워

『인어를 믿나요?』 / 제시카 러브 글 그림, 웅진주니어.

누가 뭐래도 내 세상은 내가 만들 거야

『웨슬리나라』 / 폴 플레이쉬만 글 · 케빈 호크스 그림, 비룡소.

사랑으로 완전해지는 존재

『방긋 아기씨』/ 윤지회 글 그림, 사계절.

너는 잡풀이 아니라 아름다운 들꽃이야

『어디서나 빛나는 댄디라이언』/ 리지 핀레이 글 그림, 책속물고기.

느릿느릿해도 할 건 다 할 수 있어

『달팽이 학교』/ 이정록 글 · 주리 그림, 바우솔.

거북이는 거북이답게, 토끼는 토끼답게

『슈퍼 거북』;『슈퍼 토끼』/ 유설화 글 그림, 책읽는곰.

우리는 다 달라서 특별한 거야

『보이거나 안 보이거나』/ 요시타케 신스케 글 그림, 토토북.

아이의 감정을 읽어주는 그림책

하루에도 수없이 많은 감정을 느끼며 우리는 살아간다. 즐거웠다가 짜증났다가 샘이 났다가 속상했다가 행복했다가 두려워진다. 내가 느끼는 감정의 실체를 정확히 알고 적절히 다루는 것은 참으로 어렵다. 어른들도 잘 못하는 일이다.

아이들도 수없이 많은 감정을 느낀다. 때로는 긍정적이고 때로는 부정적인 감정들. 특히 부정적인 감정은 어떻게 다루어야 할지 모르기 때문에 당황스럽다. 울음이나 생떼, 격렬한 분노로 표출되기 쉽다.

아이가 감정을 인식하고 조절하기까지 무엇보다 중요한 것은 부모의 공감이다. 부모의 반응을 통해 자기 감정의 소중함을 배울 수 있다. 진실한 감정의 표현과 해소 과정을 그린 그림책을 함께 읽는 것도 도움이 된다. 이런 감정을 나만 느끼는 게 아니구나, 이런 방법으로 감정을 다룰 수 있구나……. 이러한 간접 경험을 통해 자기 이해의 폭을 넓혀 다른 존재에 대한 공감으로 나아갈 수 있다. 물론 부모도 아이를 더 잘 이해하게 된다.

시원하게 펑펑 울고 슬픔을 날려봐

『눈물바다』 / 서현 글 그림, 사계절.

엄마가 밉지만 또 엄마가 제일 좋아

『엄마가 미운 밤』 / 타카도노 호코 글·오카모토 준 그림, 천개의바람.

억울한 마음을 도닥이고 사랑받고 싶은 마음을 안아주는

『혼나지 않게 해 주세요』 / 구스노키 시게노리 글·이시이 기요타카 그림, 베틀북.

붉은 화를 가라앉히는 자신만의 방법

『소피가 화나면, 정말 정말 화나면』 / 몰리 뱅 글 그림, 책읽는곰.

싫기도 하고 좋기도 한 내 안의 두 마음

『모두 다 싫어』 / 나오미 다니스 글·신타 아리바스 그림, 후즈갓마이테일.

학교 가기 정말 정말 싫은데……

『싫은 날』 / 성영란 글 그림, 반달.

밉기도 하고 좋기도 한 형제자매

『병아리 싸움』 / 도종환 글·홍순미 그림, 바우솔.

낯선 상황에 대한 두려움이 자꾸만 커질 때

『어떡하지?』 / 앤서니 브라운 글 그림, 웅진주니어.

우리 안에 이토록 많은 감정이 있다니

『행복한 물고기』 / 미스 반 하우트 글 그림, 보림.

첫 발만 떼면 그다음에는 찬찬히 배우면 돼

『별 거 없어!』 / 정진영 글 그림, 낮은산.

세상에 혼자인 것 같아 외로워질 때

『내 마음』 / 천유주 글 그림, 창비.

엄마한테는 동생밖에 없나봐

『열까지 세면 엄마가 올까?』 / 마루야마 아야코 글 그림, 나는별.

하고 나면 마음이 쿵쿵쿵, 무조건 나쁘기만 한 걸까?
『거짓말』 / 나카가와 히로타카 글·미로코 마치코 그림, 길벗어린이.

참을 수 없이 화가 난다 화가 나!
『화가 둥!둥!둥!』 / 김세실 글·이민혜 그림, 시공주니어.

착한 아이이고만 싶지 않아
『착한 아이 사탕이』 / 강밀아 글·최덕규 그림, 글로연.

빗속에서도 당차게 뛰어갈 수 있는 마음
『이까짓 거!』 / 박현주 글 그림, 이야기꽃.

용기를 내면 새로운 세상이 열려
『동굴 안에 뭐야?』 / 김상근 글 그림, 한림출판사.

자연을 느낄 수 있는 그림책

　도시에 사는 우리들은 자연을 가까이 하면서 시간과 계절의 흐름을 느끼기가 어려워졌다. 미세먼지의 습격과 코로나의 장기화는 예상치도 못했던 복병이다. 그림책은 간접적으로 자연을 느끼게 하는 훌륭한 친구이다. 읽은 후 직접 밖으로 나갈 수 있다면 더욱 좋다. 잎을 줍고 꽃을 관찰하고 비를 맞고 흙을

밟을 수 있다면. 책에서 만난 세계와 직접 감각하는 세계가 하나 될 때, 아이들 마음의 집은 한층 넓어진다.

자연 속에서 존재는 외따로 있을 수 없다. 관계 속에서 존재한다. 그런데 현실에서는 자연과 인간의 관계가 심하게 파괴되고 있다. 서로가 어떤 관계로 엮여 살아가는지를 보여주는 책들이 필요하다. 나에게서 시작된 공감이 너를 넘어 우리 모두의 세계로 확장될 수 있도록.

나도 잎과 꽃과 나뭇가지로 화가가 되어보고 싶어지는

『숲 속 재봉사』 / **최향랑 글 그림, 창비.**

나무는 존재 자체로 위안이고 기쁨이야

『나무는 좋다』 / **재니스 메이 우드리 글·마르크 시몽 그림, 시공주니어.**

이렇게 아름다운 계절이 넷이나 있어 다행이야

『사계절』 / **퍼트리샤 헤가티 글·브리타 테큰트럽 그림, 키즈엠.**

흠뻑 젖어들 때 바다는 내 안에 무늬를 남기지

『파도야 놀자』 / **이수지 글 그림, 비룡소.**

어디든 당장 떠나고 싶어

『나오니까 좋다』 / **김중석 글 그림, 사계절.**

지구의 물과 땅을 세련되게 보여주는
『물과 땅』 / 크리스티 헤일 글 그림, 보물창고.

갯벌에는 누가 누가 살고 있을까
『갯벌 전쟁』 / 장선환 글 그림, 모래알.

보이지 않는 곳에도 생명은 살아 움직여
『내 발밑에서』 / 에마뉘엘 우세 글 그림, 베틀북.

우리가 버린 플라스틱은 모두 어디로 갔을까?
『플라스틱 섬』 / 이명애 글 그림, 상출판사.

우리도 모두 어여쁜 씨앗
『나무의 아기들』 / 이세 히데코 글 그림, 천개의바람.

꿀벌이 지켜주는 아름다운 세상
『꿀벌의 노래』 / 커스틴 홀 글·이자벨 아르스노 그림, 북극곰.

아름다운 수채화 속 너는 어디에 있니?
『사라지는 동물 친구들』 / 이자벨라 버넬 글 그림, 그림책공작소.

사계절 아름다운 나뭇잎의 변화

『나뭇잎 손님과 애벌레 미용사』 / 이수애 글 그림, 한울림어린이.

새빨간 앵두는 어떻게 자라는 걸까?

『앵두』 / 문명예 글 그림, JEI재능교육.

우리도 양말 신고 산으로 들로 나가볼까?

『양말 들판』 / 무라나카 리에 글·고야마 코이코 그림, 책과콩나무.

공생하는 동물들, 우리는 함께야

『너와 나』 / 사이다 글 그림, 다림.

무서운 사냥 꿈보다 더 무서운 현실

『이빨 사냥꾼』 / 조원희 글 그림, 이야기꽃.

우리가 버린 상자들은 어디로 갈까?

『상자 세상』 / 윤여림 글·이명하 그림, 천개의바람.

길 위에서 떨고 있을 여린 존재들을 위해

『식빵 유령』 / 윤지 글 그림, 웅진주니어.

자연을 세심히 관찰하면서 숨은 그림 찾기까지

『풀밭에 숨은 보물 찾기』 / 박신영 글 그림, 사계절.

감각 경험을 확장시켜주는 그림책

정보 획득이라는 면에서만 보면 책은 이제 인터넷 검색이나 영상을 따라가기 어렵다. 이 두 가지 수단을 통해 무한한 정보에 접근할 수 있고, 글보다 훨씬 더 생생한 정보를 얻을 수 있다. 잘 만들어진 10분짜리 영상이 300쪽짜리 책보다 더 많은 정보를 전할 수도 있다.

그림책이 특별한 것은 물성이 있다는 점이다. 표지를 보고 직접 만지고 책장을 넘길 수 있다. 이러한 특성을 활용해, 작가들은 책만이 제공할 수 있는 고유한 감각을 자극한다. 팝업책, 조작책, 구멍책, 상호작용책, 책 속의 책……. '아름다움'과 '독특함'을 구현한 작품을 다양하게 경험할 때 아이들에게 책은 좀 더 근사한 존재가 된다.

아파트 이웃을 직접 방문하듯 온몸으로 오르내리며 읽는

『똑똑! 똑똑!』 / 다카하시 가오리 글 그림, 보림.

가름끈마저 서사의 일부가 되는

『리본』 / 아드리앵 파를랑주 글 그림, 보림.

책 속의 책 속으로 무한히 들어가는

『이 작은 책을 펼쳐봐』 / 제시 클라우스마이어 글·이수지 그림, 비룡소.

실제 꽃을 만지는 듯한 조작북이자 아코디언북

『나, 꽃으로 태어났어』 / 엠마 줄리아니, 비룡소.

봉투 속 편지와 놀잇감 꺼내보는 재미에 푹 빠지게 되는

『우체부 아저씨와 비밀 편지』;『우체부 아저씨와 크리스마스』 / 앨런 앨버그·자넷 앨버그 글 그림, 미래아이.

아름다운 바다를 지키고 싶어지는 팝업책

『바다 이야기』 / 아누크 부아로베르·루이 리고 글 그림, 보림.

어떻게 안 누를 수가 있어

『절대로 누르면 안 돼!』 / 빌 코터 글 그림, 북뱅크.

이리 기울이고 저리 흔들고 반대로 뒤집고

『도와줘, 늑대가 나타났어!』 / 세드릭 라마디에 글·뱅상 부르고 그림, 길벗어린이.

책이 아니라 갖고 놀 수 있는 장난감이 되네

『이건 책이 아닙니다』 / 장 줄리앙 글 그림, 키즈엠.

그냥 책이 아니라 책가도 병풍이 되네

『책가도: 민화로 만나는 열두 띠 동물 이야기』 / 김지윤 글 그림, 반달.

4미터나 펼쳐지는 봄 여름 가을 겨울의 이야기
『수잔네의 봄』 외 '수잔네 시리즈' / 로트라우트 수잔네 베르너 글 그림, 보림큐비.

책장을 만지고 펼치면서 생각해보는 동물의 마음
『이상한 동물원』 / 이예숙 글 그림, 국민서관.

앞면과 뒷면처럼 세상에는 따뜻함과 차가움이 있어
『어제저녁』 / 백희나 글 그림, 책읽는곰.

360도 펼쳐지는 세 겹의 바다 속으로
『작은 물고기 포포』 / 에밀리 랜드 글 그림, 보림.

깜깜해야 더 재미있는 그림책 세상
『불을 꺼 봐요!』 / 리처드 파울러 글 그림, 보림큐비.

너는 나의 그림책
아이들과 함께한 그림책 시간

초판 1쇄 발행 | 2021년 3월 22일
초판 2쇄 발행 | 2022년 3월 25일
지은이 | 황유진
그림 | 이명애
교정 | 박기효
디자인 | 비수기의 전문가

펴낸이 | 박숙희
펴낸곳 | 메멘토
신고 | 2012년 2월 8일 제 25100-2012-32호
주소 | 서울시 은평구 연서로26길 9-3
　　　　동양오피스텔 301호(대조동)
전화 | 070-8256-1543
팩스 | 0505-330-1543
이메일 | mementopub@gmail.com

ⓒ 황유진 · 이명애
ISBN 978-89-98614-85-0 (03810)
파본은 구입하신 서점에서 바꾸어 드립니다.
책값은 뒤표지에 있습니다.